U0915394

澄衷蒙學堂字課圖說

㈣

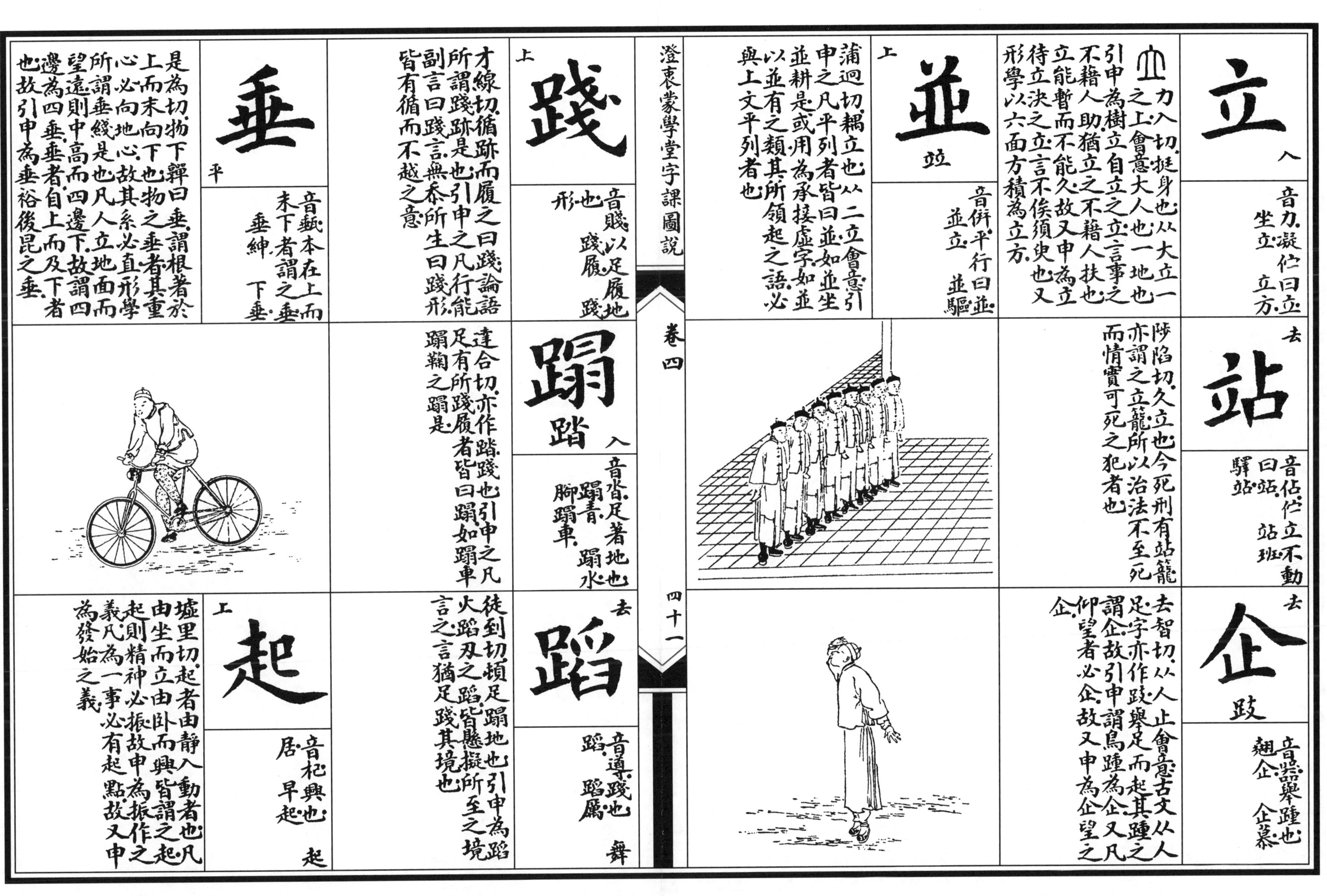

立 入

音力。凝位曰立。坐立。立方。

𠅋力入切。挺身也。从大立一之上。會意。大人也。一地也。引申為樹立、自立之立。言事之不藉人助。猶立之不藉人扶也。立能暫而不能久。故又申為立待、立決之立。言不俟須臾也。又形學以六面方積為立方。

站 去

音佔。位立不動曰站。站班。驛站。

陟陷切。久立也。今死刑有站籠。亦謂之立籠。所以治法不至死而情實可死之犯者也。

企 去 跂

音器。舉踵也。企慕。翹企。

去智切。从人止。會意。古文从人足。字亦作跂。舉足而起其踵之謂企。故引申謂鳥踵為企。又凡仰望者必企。故又申為企望之企。

並 上 竝

音併。平行曰並。並立。並驅。

蒲迥切。耦立也。从二立。會意。引申之凡平列者皆曰並。如並坐、並耕是。或用為承接虛字。如並以、並有之類。其所領起之語。必與上文平列者也。

踐 上

音賤。以足履地也。踐履。踐形。

才線切。循跡而履之曰踐。論語所謂踐跡是也。引申之凡行能副言曰踐言。無忝所生曰踐形。皆有循而不越之意。

蹋 入 踏

音沓。足著地也。蹋青。蹋水。脚蹋車。

達合切。亦作踏。踐也。引申之凡足有所踐履者皆曰蹋。如蹋車、蹋鞠之蹋是。

蹈 去

音導。踐也。蹈厲。舞蹈。

徒到切。頓足蹋地也。引申為蹈火、蹈刃之蹈。皆懸擬所至之境言之。言猶足踐其境也。

垂 平

音甀。本在上而末下者謂之垂。垂紳。下垂。

是為切。物下[illegible]曰垂。謂根著於上而末向下也。物之垂者其重心必向地心。故其系必直。形學所謂垂綫是也。凡人立地面而望遠。則中高而四邊下。故謂四邊為四垂。垂者自上而及下者也。故引申為垂裕後昆之垂。

起 上

音杞。興也。早起。起居。

墟里切。起者由靜入動者也。凡由坐而立、由卧而興皆謂之起。起則精神必振。故申為振作之義。凡為一事必有起點。故又申為發始之義。

跪

上

音塊，跽也。拜跪。

苦委切，兩膝隱地曰跪。古人席地而坐，坐與跪相似，故賓主之間，常行跪禮。今祀神及行禮於尊長，皆以跪為敬，且有一跪、兩跪、三跪之別。西人無跪禮，雖見君上，脫帽鞠躬而已。

登

平

等平聲，升也。登山。登樓。

都騰切，上車也。篆文从癶从豆，象登車形。引申為凡自下而上皆曰登。置物於上亦曰登，如拜登之登是。五穀登則自田中收以上場，故亦謂之登。因偁豐年曰豐登，凶年曰不登。

陟

入

音積，上升曰陟。陟岡。黜陟。

竹力切，登也。从阜从步，會意。謂登阜也。引申之，升謂之陟，如陟遐是。升之亦曰陟，如黜陟是。

降

去　平

音絳，自上而下曰降。降階。音缸，屈服曰降。投降。

古巷切，下也。如降邱、嶽降等是。下之亦曰降，如降級、降服等是。降有屈下之意，故力不敵而降心以相從曰降，讀戶江切。

踰

平　逾

音俞，越進曰踰。踰垣。踰分。

容朱切，與逾同義。超者躍而過，踰則過而不必躍者也。引申為越禮之偁，如踰分、踰制之踰是。

躐

入

音獵，行不由序也。躐等。

良涉切，陵節而踐也。古人席必數重，登席不由序曰躐席。因引申謂學之不依級而進者曰躐等。

進

去

音晉，自外入曰進。先進。進學。

郎刃切，前行曰進，如進階是。使人得進亦曰進，如進賢是。

退

去

推去聲，卻行曰退。進退。退敵。

吐內切，往後行曰退。引申之，抑之使不得進曰退，如斥退是。不急於進者曰退，如謙退、廉退、求也退之退是。

出

去　入

春入聲，自中而達於外曰出。出入。出門。推去聲，義同。

赤律切，進也。象艸木出達之形。艸木之生，自下而達於上，故謂自內而至外者皆曰出。引申之，所出者即曰出，使之出亦曰出。或讀去聲，蚩瑞切。

入

入

任入聲，自外至內曰入。出入。深入。

人執切，進也。引申之，兵破人國而弗有其地者曰入。

往

上

王上聲，由此至彼曰往。來往。往返。

羽枉切，自內之外也。身之所向曰往，心有所慕而神向之者亦曰往，古人所謂鄉往是也。因其為來之對，故轉為往古、往昔之往。

來（去）（平）徠

賴平聲。物自外至曰來。　來年　來往

音賚。招致曰來。　招徠

來落哀切。年麥也。篆象芒刺之形。來牟周所受瑞麥天所來也。故轉為來往之來。引申之招人使來亦曰來。通作徠。讀洛代切。

歸（平）

音騩。外來曰歸。　歸家　于歸

舉韋切。嫁也。从止从婦省。會意。从自聲。婦人謂嫁曰歸。自壻家言之則曰來歸。被出曰大歸。謂歸母家也。引申之物返所宅皆曰歸。叚借為饋。如歸孔子豚。齊人歸女樂是。

復（去）（入）

音伏。還歸曰復。　往復　復來

浮去聲。再至曰復。

房六切。返也。反命曰復。招魂亦曰復。復者去而復返。有再來之義。故因仍前事者皆曰復。讀浮富切。

還

音環。去而復來曰還。　歸還　還來

音旋。轉也。

戶關切。凡人物之歸於故處者皆曰還。轉為還須還將之還。與更字又字同意。而辭氣稍緩。叚借為旋。周旋折旋。皆以轉為義。讀似宣切。

返（上）

音反。復歸曰返。　旋返　返璧

甫遠切。歸還也。歸之於人亦曰返。如受飧返璧是。

去（去）（上）

墟去聲。離之曰去。　去　歸去

墟上聲。芟除曰去。　除去

邱據切。人相違也。如來去相去之去是。叚借為祛。祛除也。如去財去之去。讀口舉切。

至（去）

音摯。足隨心到曰至。　遠至　客至

支義切。到也。之為未然詞。至為已然詞。故身心之所止皆曰至。於文用為承接虛字。則以領起著題之語也。如至於至若是。至者所往之盡處也。夏至謂之日長至。冬至謂之日短至。言日之長短至此而極也。

到（去）

音倒。實至所欲至之處曰到。　遠到　到門

都導切。至也。欲至其處曰之。已至其處曰到。故到為確定之詞。

移（平）

音匜。變易曰移。　移風　移易

余支切。移秧也。故字從禾。凡種稻先苗之後移之。移則從其故處。故轉為遷移之移。今平行職官相通之文曰移。文省曰移。

徙（上）

音璽。由此遷彼曰徙。　遷徙

斯氏切。移也。遷者由下而上。徙則由此而彼。遷又泛為易其原處之詞。徙則實有所至之處者也。

遷（平）

音韆。易所曰遷。　升遷　遷都

七然切。去下之高也。引申為凡易其所之偁。如移居曰遷居。除官曰遷。擢通有無曰懋遷。改過失曰遷善。皆是。

迎（去）（平）

音併。迓客曰迎。　迎送

併去聲。遠迓也。　親迎

語京切。客將至而迓之曰迎。昏禮壻先往婦家曰親迎。今人所謂迎娶是也。讀魚敬切。

迓 去

音訝。伺迎曰迓。恭迓。迎迓。

魚駕切。通作訝御。

逆 入

凝入聲。不順曰逆。逆行。橫逆。

宜戟切。迎也。迎逆本一聲之轉。故事未來而先意迎之曰逆。先意以迎則不順。因引申為叛逆之逆。

送 去

音送。贈別曰送。送往。迎送。

蘇弄切。贈也。人有事而將之以物曰送。今所謂送禮是也。親往致敬亦曰送。如送行送殯等。是蓋皆以致贈別之意者也。

遲 平

音墀。行緩曰遲。舒遲。遲速。音稚。待也。

陳知切。徐行也。引申之凡事不速者皆曰遲。遲則速者須待。故又申為延待之義。讀直意切。

艮 去

根去聲。物有所限謂之艮。艮卦。

古恨切。本義很視曰艮。又訓為止。易艮為山。☶☶蓋以山安重不遷。有合乎止之義也。

行 平

音衡。舉步前進曰行。行在。胻去聲。行事之迹曰行。德行。音杭。陳列也。

何庚切。凡物之運動事之措施皆曰行。中國謂金木水火土為五行。西人謂水火風土為四行。說以見于天道。溯原為最備。下孟切。行迹也。施之于事曰行。行之于身曰行。寒岡切。列也。市肆雜列貨物。故俗偁行。

步 去

音捕。徒行曰步。舉步。步行。

蒲故切。一舉足謂之跬。倍跬謂之步。周尺六尺為步。今因而折衷之。定五尺為一步。三百六十步為一里。方積以二十五方尺為一方步。二十四方步為一分。二百四十方步為一畝。步所以推數。故謂測算為推步。

走 上

奏上聲。行也。奔走。走路。

子苟切。安步徐行曰走。疾趨而進亦曰走。古人自偁之詞曰牛馬走。亦曰下走。蓋謙言供奔走之役也。

趨 平

取平聲。疾行曰趨。步趨。趨進。

七逾切。趨。疾行之有節文者。禮卑者過尊者之前則趨。趨朝。趨庭。皆是。

逃 平

音陶。亡走曰逃。逃亡。逋逃。

徒刀切。義當留而竊去謂之逃。古以逃為亡命。謂在逃者之民籍無可稽考也。

竄 去

音爨。逃匿也。竄匿。逃竄。

七亂切。匿也。从鼠在穴中會意。故有所畏而逃者曰鼠竄。引申為放逐之義。如書竄三苗於三危是。猶言使之竄也。

奔 平

本平聲。疾走也。 奔走。 狂奔。

逋昆切。趨事恐後曰奔。所以急赴之也。故聞親喪而歸者曰奔喪。男女會合不以禮者曰淫奔。

違 平

音幃。相背曰違。 從違。 違背。

羽非切。避而去之也。避則不復相從。故凡不相從者皆曰違。不從則不順。故引申為道與時違之違。

逝 去

音誓。往而不返曰逝。 長逝。

時制切。一去不復來也。故引申為逝世。逝水之逝。

避 去

音鼻。掩匿曰避。 迴避。 避匿。

毗義切。从辟从辵。辟。君也。天子出而辟除行人。則人避匿。故引申為逃避之避。

趁 去

音疢。逐物曰趁。 趁便。 趁船。

丑刃切。關西以逐物為趁。逐物者必因利乘便。故伺便而動曰趁。今俗謂附人之舟車者曰趁船。趁車。義本此。

追 平

音靁。趨隨人後曰追。 追隨。 追逐。

中葵切。逐也。隨而逐之也。逐者迫之使不得留。不必其相及。追者則志在趨而及之。與迫之使去者正相反也。

遇 去

音寓。相遭曰遇。 遇合。 相遇。

牛具切。逢也。引申之。所遇之境即曰遇。如境遇。際遇之遇是。

逐 入

音軸。迫物使去曰逐。 追逐。 逐寇。

直六切。物已去而迫之使遠去曰逐。逐有益進之義。故歷數事物曰逐。如逐層逐步是。

遭 平

音糟。遇合曰遭。 遭逢。 遭際。

作曹切。遇也。引申之。所遇之境即曰遭。如遭逢是。段借為遶。如周遭是。

邀 平

音腰。招人使來曰邀。 相邀。 邀客。

伊消切。遮也。遮之使不去也。不欲其去者必欲其來。故引申為相招之義。

逢 平

音逢。偶遇曰逢。 逢人。 遭逢。

符容切。遇也。約期相遇曰會。不期而遇曰逢。未來而先迎之亦曰逢。如逢迎是。所逢之境即曰逢。如遭逢是。

隨 平

音隋。從而不違曰隨。倡隨。隨處。

旬為切。順行也。引申之凡事順從皆曰隨。如追隨。詭隨。是隨在之隨。亦言順而至其所也。

詣 去

音羿。進見曰詣。詣闕。造詣。

五計切。進也。造詣皆以我就人。而詣為敬詞。引申之所詣之境即曰詣。如深詣。造詣等是。

侍 去

音嗜。卑在尊者之側為侍。侍側。侍從。

時吏切。近也。古侍人侍中。今之侍衞侍御。皆以近於天子為言。侍坐侍奉等。則概偁諸卑之於尊也。

適 入

音釋。由此往彼曰適。適人。安適。音的。專主也。

施隻切。往也。凡女行於大夫以上曰嫁。行於士庶人曰適人。亦往之夫家之意。又和善也。如安適。適意是。又恰至其時也。如適然。適逢是。又段為嫡庶之嫡。讀丁歷切。

造 去 上

音慥。相就曰造。造門。音早。創製曰造。造作。

七到切。就也。禮偁造士。詩偁小子有造。均謂其有所成就也。引申之以我就人亦曰造。又造次。雙聲也。急遽之貌。昨早切。創也。創物者天。故謂天為大造。亦偁造物。引申為製造之造。

遵 平

音樽。循道而行曰遵。遵循。

祖倫切。循行也。引申之凡循而不改者皆曰遵。如遵教。遵命是也。

運 去

音韻。動有恆者曰運。運行。轉運。

禹慍切。運即動也。動之行而不息常而不變者曰運。運力學所謂平速力也。故日月旋繞以成寒暑曰天運。舟車漕轉循環不已者曰漕運。鹽運。又命運運祚之運。則以氣化流行為本。而決吉凶禍福者也。

超 平

音怊。躍而過也。超羣。高超。

癡宵切。躍也。躍必出前。故科舉之前列者曰超等。學校之前列者曰超班。皆言其出乎羣類也。

遞 去

音悌。相代曰遞。遞變。馬遞。

徒禮切。更易也。古者因道遠難通。設為驛遞。使按程更替。故今寄送信物多謂之遞。引申為凡互代而不已之偁。如遞運。遞嬗是。又路遠曰迢遞。亦隨至易地之意也。

跳 平

音迢。蹶也。又躍也。跳梁。

徒聊切。顛蹶曰跳。段借為趒。雀行也。人躍似雀行。故以躍為訓。又段為逃。逃避之逃。

涉 入

音攝。水行曰涉。跋涉。涉水。

時攝切。無舟而渡水。深過膝以上者曰涉。涉者必入足於水。故引申為干涉交涉之涉。言入身於諸事諸國之中以干預之也。

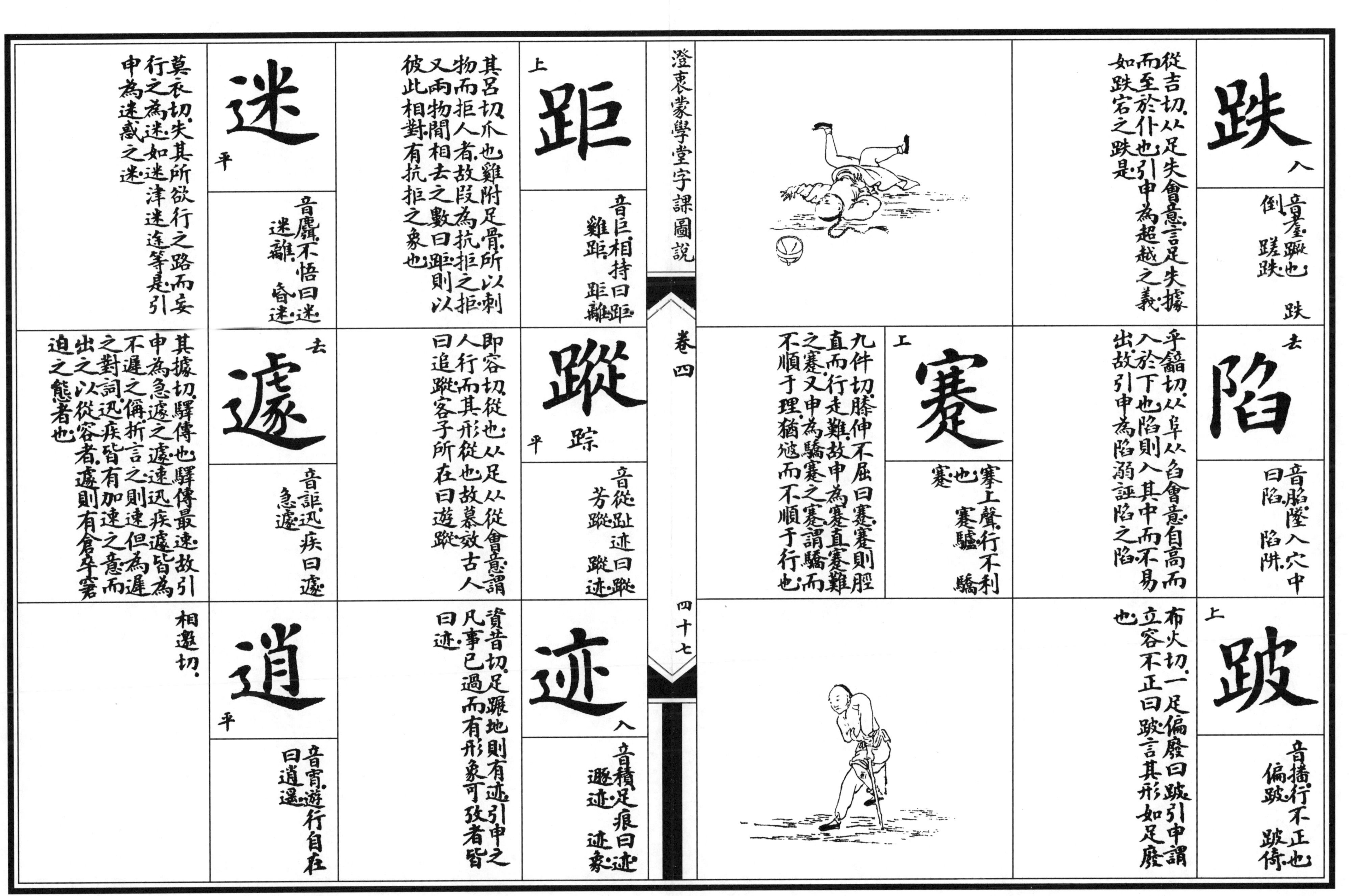

跌 入

音垤。蹶也。跌倒。蹉跌。

從吉切。从足失會意。言足失據而至於仆也。引申為超越之義。如跌宕之跌是。

陷 去

音餡。墜入穴中曰陷。陷阱。

乎韽切。从阜从臽會意。自高而入於下也。陷則入其中而不易出。故引申為陷溺誣陷之陷。

跛 上

音播。行不正也。偏跛。跛倚。

布火切。一足偏廢曰跛。引申謂立容不正曰跛。言其形如足廢也。

蹇 上

謇上聲。行不利也。蹇驢。驕蹇。

九件切。膝伸不屈曰蹇。蹇則脛直而行走難。故申為蹇直蹇難之蹇。又申為驕蹇之蹇。謂驕而不順于理。猶傲而不順于行也。

距 上

音巨。相持曰距。雞距。距離。

其呂切。爪也。雞附足骨所以刺物而拒人者。故叚為抗拒之拒。又兩物間相去之數曰距。則以彼此相對有抗拒之象也。

蹤 平 踪

音從。趾迹曰蹤。芳蹤。蹤迹。

即容切。從也。从足从從會意。謂人行而其形從也。故慕效古人曰追蹤。客子所在曰遊蹤。

迹 入

音積。足痕曰迹。遯迹。迹象。

資昔切。足蹍地則有迹。引申之凡事已過而有形象可致者皆曰迹。

迷 平

音麛。不悟曰迷。迷離。昏迷。

莫衣切。失其所欲行之路而妄行之為迷。如迷津迷途等是。引申為迷惑之迷。

遽 去

音詎。迅疾曰遽。急遽。

其據切。驛傳也。驛傳最速。故引申為急遽之遽。速迅疾遽皆為不遑之偁。析言之則速但為遲之對詞。迅疾皆有加速之意。而出之以從容者。遽則有倉卒窘迫之態者也。

逍 平

音宵。遊行自在曰逍遙。

相邀切。

事 去

音侍。人為之總名也。事業。正事。

鉏吏切。大曰政，小曰事。即人日日所營之職業也。引申之，事其所事亦曰事，如事父事君之事是。

業 入

音鄴。可以成名而世守者曰業。事業。受業。

業魚怯切。大版也。形如鋸齒，以懸鐘鼓。業字象之。古者書文于版，故執經問難曰請業。引申為學業、世業、功業之業。又事之已然者曰業，如業經、業已是。

務 去

音霧。事其事曰務。務本。商務。

亡遇切。專力于事曰務，如急務、公務之務是也。以事轉囑于人亦曰務，如務必、務懇之務是也。

宜 平

音儀。合乎事理之謂宜。便宜。合宜。

疑羈切。宜者，適相當也。凡宜室家、宜侯王之宜，皆有相當之意。相當者必合于義，故義亦作宜，如禮記宜次之是也。又天子舉事必依于義，故將出而有事乎社謂之宜。

作 入

臧入聲。興起曰作。舉事亦曰作。作為。動作。

則洛切。人起曰作，如論語舍瑟而作是。起而舉事亦曰作，如禮記後聖有作是。引申為製作、著作之作。

為 去 平

音溈。任事曰為。作為。音爲。助事曰為。因為。

于嬀切。本義母猴也。叚借為凡動作皆曰為。于偽切。作因字解，如孟子為其殺是童子而征之是。作助字解，如論語夫子為衛君乎是。作被字解，如漢書趙王武臣為其將所殺是。

肇 上

音趙。始事曰肇。肇基。

治小切。肇，始也。我朝追崇始祖曰肇祖原皇帝，為其肇基王迹也。

初 平

楚平聲。託始曰初。初次。太初。

楚居切。裁衣之始也。故从刀从衣，會意。引申之為凡託始之通名。

振 去

音震。奮發也。振作。振動。

之刃切。舉救也。凡振興、振起之振，皆以舉為義；振貧窮、振乏絕之振，皆以救為義。

先 去 平

霰平聲。在前曰先。後之對也。先後。先進。音霰。先事而為之曰先。

兂蘇前切。前進也。从儿从之。儿，古人字。之，往也。往居人上是先也。引申之，先王、先生、先輩之屬。凡長于我者，統謂之先。又導之使前曰先。讀先見切。

創 去 平

音瘡。傷也。受創。創痍。瘡去聲。始事曰創。創業。

初莊切。本作刅，言為刀所傷也。引申為懲創之創，言以威惕之也。讀初亮切。又業之初基曰開創。文之初藁曰艸創。皆據其始事而言。

繼 去

音計。踵而行之曰繼。繼志。出繼。

古詣切。反𢇍為繼，言相續不絕也。故嗣君曰繼世，續婚曰繼室，自其子言之曰繼母，為人後者俗謂之承繼。

始 上

音始。事物之初曰始。 始終。 原始。

首止切。女之初也。引申之凡物起點皆曰始。如人類有始祖。事類有始基是也。

率 去 入

音蟀。總而統之遵而行之曰率。 音律。約數也。 音帥。即連帥渠帥之帥。

朔律切。捕鳥畢也。象絲網上下其竿柄也。網有收羅牽掣之義。故引申為率循統率之率。網疏則漏。故又申為草率輕率之率。又大率。大略也。劣戍切。算術有三率四率法。以馭比例。 所類切。與帥同。

終 平

音螽。事物之盡曰終。 始終。 終日。

職戎切。本義絿絲也。絲有綿長之象。故轉訓為永。如終古終天是也。絲有斷絕之時。故又訓為盡。如終喪終事是也。

改 上

音輆。更張曰改。 改變。 改易。

古亥切。物敝更為之曰改。引申為人有過而決然更之者亦曰改。

擅 上

音蟮。把持曰擅。 專擅。

時戰切。專也。其不應專而專者亦曰擅。如擅權擅命是也。

變 去

鞭去聲。事之改常而出意外者皆謂之變。 變化。 變遷。

秘變切。更易曰變。反乎常也。引申為權變機變之變。謂心無常在也。又申為大變變故之變。謂事出非常也。

仿 上

方上聲。比擬之詞。 仿照。 描仿。

妃兩切。相似也。引申為仿效之仿。求其似也。似則非真。故又申為仿佛之仿。

肄 去

音易。專心務業曰肄。 肄業。

以智切。習也。習則心勞。故引申為勞瘁之義。如詩既詒我肄。莫知我肄皆是。

效 去 効

音校。確有功驗也。 效法。 收效。

胡教切。精心取法曰效。如仿效則傚是也。冥心赴事亦曰効。如効命効力及今通用報効等語是也。又效之而見功者亦曰效。如效驗明效是也。效傚効字通。

措 去

音醋。求物以應用也。 措資。

倉故切。弃置曰措。如舉直措枉是。引申為安置亦曰措。如民無所措手足是。段借為措辦之措。

稽 上 平

音雞。遲留不進也。 稽延。 稽考。 音啓。叩首也。

堅溪切。留止也。引申為稽遲之稽。段為稽核之稽。昔禹合諸侯大計于東治之山。因名會稽。古有會稽郡。今為縣。屬浙江紹興府。 祛禮切。叩首至地曰稽首。觸地無容曰稽顙。

置 去

音智。捨而去之曰置。 廢置。

知意切。赦免也。从网从直會意。网禁網也。有罪則繫。直則赦之。與羅字意同。引申為放逐罪臣曰安置。又申為措置位置之置。謂安之而得其當也。又為置郵之置。若今馬遞是。

備 去

音避。預防曰備。防備。備辦。

平祕切。事未至而先具者曰備。引申之，無物不具亦曰備。言足以應用而無缺也。又申為盡字義，如備悉、備陳是。

具 去

音懼。事物備也。文具。具文。

其遇切。備物曰具。所備之物即曰具。如器具、供具之具是。引申為具臣、具位之具。言僅足備數也。今公牘有具呈、具稟之文。交際有謹具、拜具之式。皆同義。叚為民具爾瞻之具，則與俱通。

存 平

音蹲。亡之對曰存。生存。存貨。

徂尊切。恤問也。如周禮大行人歲徧存是也。存在雙聲同義，故存亡之存作在字解。

發 入

音髮。機動曰發。高發。發財。

方伐切。矢出曰發。引申之，凡由收而放、由黯而明皆曰發。發明、發揚之發，指在人者言之也。發洩、發動之發，指在物者言之也。

敷 平

音孚。廣被曰敷。敷陳。敷行。

芳無切。分布也。敷土之敷，以分言。敷奏、敷治之敷，以布言。今俗以不足為不敷，言其不堪分布也。

施 去 平

音詩。展而擴之曰施。施恩。
音翅。義同。
音易。延而及之曰施。

申支切。本義旗貌。旗有展舒之致，故引申為施展之施。又申為施與、施報之施。亦讀申智切。又以豉切。艸木附攀而上也。如詩施于松柏是。

匡 平

音劻。救正曰匡。匡救。一匡。

曲王切。竹器也。圜為筥，方為筐。故引申為方正之義。如詩既匡既敕是。又申之以正矯不正亦曰匡。如詩以匡王國是。

襄 平

音湘。助理曰襄。襄理。贊襄。

息諒切。漢令解衣而耕曰襄。蓋以助農事也。引申為凡助事者皆曰襄。又謚法：辟地有德曰襄，甲冑有勞曰襄。故我朝功臣恒有文襄、武襄、勤襄之謚。

輔 上

音釜。夾助曰輔。輔佐。畿輔。

扶雨切。人頰車曰輔。如輔車相依之輔是。木夾車亦曰輔。如無棄爾輔之輔是。皆取其相助也。因引申為輔助之輔。漢以京兆、左馮翊、右扶風為三輔，謂其夾輔王室也。

佐 去

左去聲。相助為理曰佐。王佐。佐輔。

子賀切。輔也。本作左。今用佐字，而專以左為左右之左。

薦 去 荐

音廌。引之使進曰薦。薦賢。自薦。

作甸切。从艸从廌。廌所食艸也。又細艸名。故俗名艸織之席亦曰薦。叚借為薦羞之薦。薦，進也。故引申為推薦、薦人之薦。與荐通。

選 去

音選。擇于衆中曰選。選舉。揀選。

須兗切。散而遣之曰選。此選之本義也。今則以衆而擇之曰選。王制選士，為選舉之最古者。累代因之，科目屢變。國朝雖承科目之舊，而兼用保舉、捐納。惟吏部文選司、兵部武選司尚沿選字之名。

徵

上 平

陟平聲召人曰徵斂物亦曰徵 徵聘 徵糧 知上聲五音之一也

知陵切召也行徵而聞達者即徵之引申為徵收稅則之徵凡徵召徵收必有符信故申為徵驗之徵 陟里切發聲時齒合吻開謂徵五音在角羽之間

致

去

音蹟推極也 致知 景致

陟利切送詣也如致政致賜是因申為招致之致如周禮致萬民是言招之使詣己也又為推致之致如大學致知在格物是今譯西文者凡重熱聲光化電諸學統謂之格致用朱子即物窮理推及其知之義

謁

入

音曷請見曰謁 拜謁 謁見

於歇切白事也書姓名爵里並列事以投謁如今之拜帖是也又謁者漢官名

約

入

音葯預定期會曰約 失約 大約

乙却切从糸从勺謂以絲纏束之也故有約束之義引申為和約條約之約言訂定以後各遵約束也又為貧約窮約之約言受困如受束然又約略不繳細也

保

上

音寶慎守勿失曰保 保全 保佑

補道切本義為保母之保呆故古文从子从八象保抱之形引申為保養保安保護之保今世有保結以取信有保險以防患則又保護之引申也

嫁

去

音駕女子適人曰嫁 嫁娶 婚嫁

居迓切从女家聲謂女有家也引申為嫁禍之嫁言禍在此而移于彼有類嫁女者然

娶

去

音趣男子授室曰娶 娶妻 不娶

七句切娶从取女會意經傳通作取

婚

平

音昏娶婦也 婚姻

呼昆切婦家也从女从昏禮娶婦以昏時故又為婚嫁之婚經傳通作昏

納

入

音衲物相收付曰納 容納

奴合切字从內為由外而內之義如出納收納之納是也引申之由內而外亦曰納如納幣納款之納是也

獻 去

音憲。將物致敬曰獻。貢獻。享獻。

許建切。犬名。羹獻。謂以犬之肥者獻之。从犬从鬳。會意。引申之凡呈物于尊者皆曰獻。叚借為黎獻。文獻之獻。訓賢也。

齎 平

音韲。進物于人曰齎。齎奏。齎志。

牋西切。與人物也。如齎皮馬。齎盜糧。是。引申之以物自隨亦曰齎。漢書。行者齎。言以衣食之具自隨也。

呈 去 平

音程。表暴于外曰呈。音鄭。奉于尊者曰呈。呈閱。呈政。

駐平切。平也。叚借為呈露之呈。引申為奉獻之義。如進呈。書籍呈遞。供狀之類是也。讀直正切。

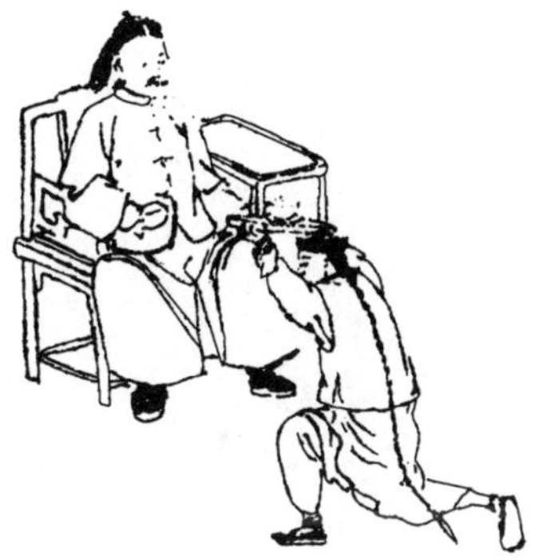

贈 去

音贈。以物饋人曰贈。投贈。遺贈。

昨亙切。玩好相送曰贈。引申之凡送人不取值皆曰贈。又朝廷所給誥敕。于生前曰封。于身後曰贈。

貽 平

音飴。贈遺曰貽。貽我。詒謀。

延知切。遺也。如禮記貽父母令名。詩詒厥孫謀之貽。是引申為饋遺之義。如詩貽我彤管。書公乃作詩以貽王之貽。是。經傳通作詒。

賚 去

音睞。賞賜曰賚。大賚。

洛代切。

遺 去 平

音夷。失物曰遺。遺忘。遺囑。夷去聲。贈物曰遺。

以追切。凡事物有心置之曰棄。無意失之曰遺。遺則不屬己矣。故凡留于後人皆曰遺。如遺命遺言之遺是。又以物贈人亦曰遺。如餽遺投遺之遺是。讀以醉切。

求 平

音裘。向人乞取曰求。求討。拜求。

渠尤切。求本裘之古文。今專用為求請之求。

貺 去

音況。拜人嘉惠曰貺。厚貺。辱貺。

虛放切。益也。本作兄。亦借況字為之。如拜貺嘉貺之類是。以與賜賞同義。故又从貝。惟賞賜為習用字。貺字又較文爾。

祈 平

音旂。婉求曰祈。祈禱。

渠希切。祈報皆祭名。祈者。謂有災變而號呼告神以求福也。引申之凡有求請皆曰祈。

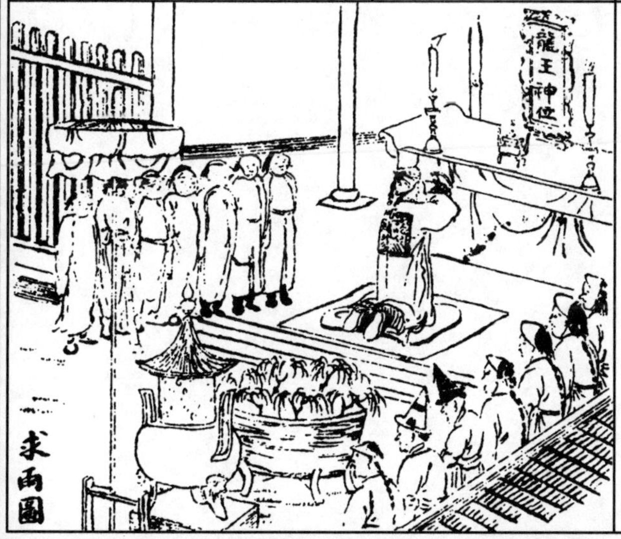

求雨圖

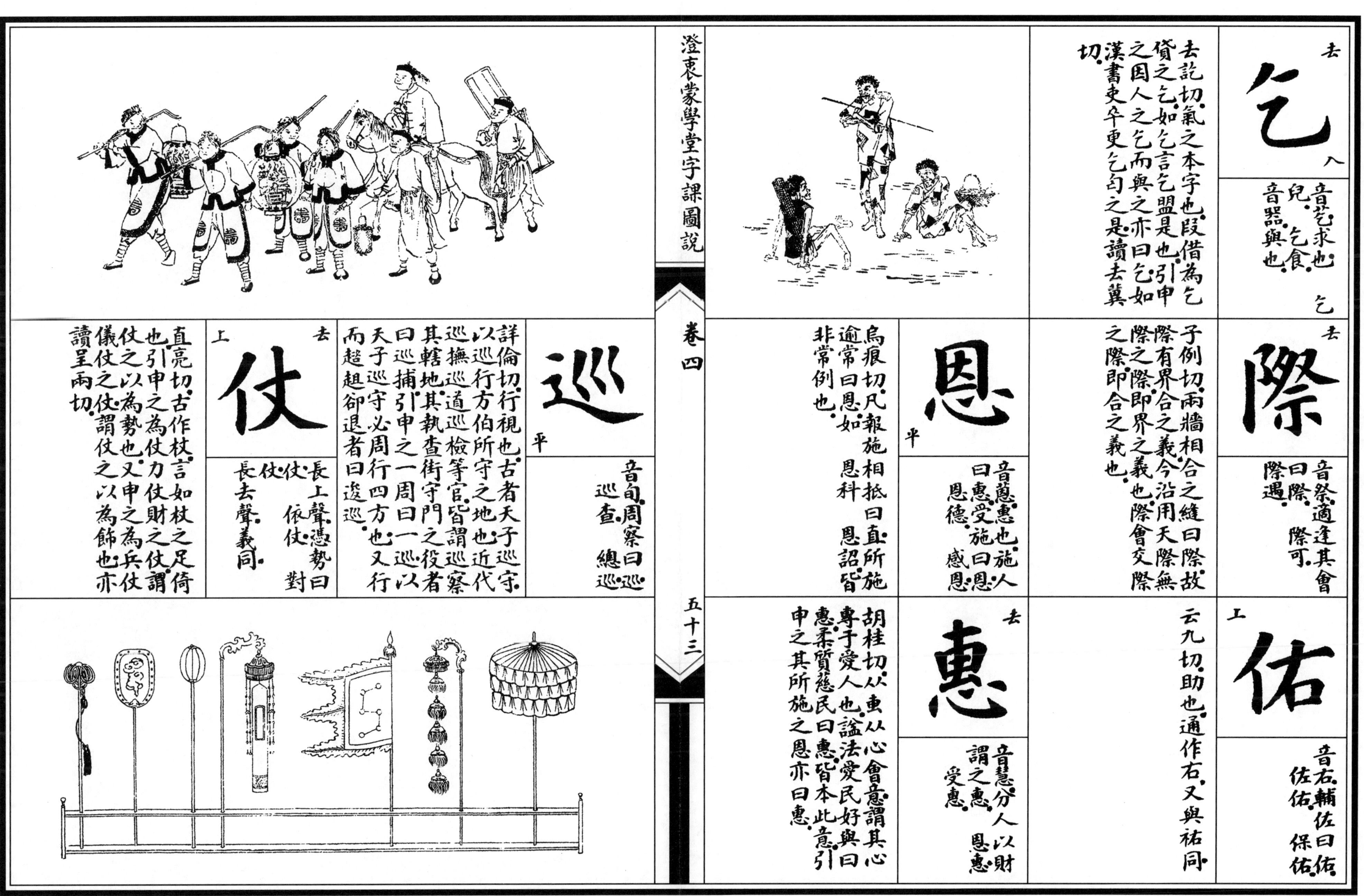

乞
去 入

音乞。求也。乞兒。乞食。

音器。與也。

去訖切。氣之本字也。段借為乞貸之乞。如乞言乞盟是也。引申之凡人之乞而與之。亦曰乞。如漢書吏卒更乞勾之是。讀去冀切。

際
去

音祭。適逢其會曰際。際可。際遇。

子例切。兩牆相合之縫曰際。故際有界合之義。今沿用天際無際之際。即界之義也。際會交際之際。即合之義也。

恩
平

音蒠。惠也。施人曰惠。受施曰恩。恩德。感恩。

烏痕切。凡報施相抵曰直。所施逾常曰恩。如恩科 恩詔 皆非常例也。

佑
上

音右。輔佐曰佑。佐佑。保佑。

云九切。助也。通作右。又與祐同。

惠
去

音慧。分人以財謂之惠。受惠。恩惠。

胡桂切。从叀从心。會意。謂其心專于愛人也。謚法愛民好與曰惠。柔質慈民曰惠。皆本此意。引申之其所施之恩亦曰惠。

巡
平

音旬。周察曰巡。巡查。總巡。

詳倫切。行視也。古者天子巡守。以巡行方伯所守之地也。近代巡撫巡道巡檢等官。皆謂巡察其轄地。其執查街守門之役者曰巡捕。引申之一周曰一巡。以天子巡守必周行四方也。又行而趑趄卻退者曰逡巡。

仗
去 上

長上聲。憑勢曰仗。依仗。對仗。長去聲。義同。

直亮切。古作杖。言如杖之足倚也。引申之為仗力仗財之仗。謂仗之以為勢也。又申之為兵仗儀仗之仗。謂仗之以為飾也。亦讀呈兩切。

護　去

音瓠。保衛曰護。護衛。護封。

胡故切。守視也。日月相蝕則伐鼓用幣以救護之。邊疆有警則禦險設要以防護之。皆取守視之意。引申為監領之義。如秦漢護軍都護等官是。又申為兼管之義。如近制以卑官攝長官事者曰護理是也。

伺　去

音四。窺人之隱曰伺。窺伺。看伺。

相吏切。古通司。察視也。乘人之不覺而察其過失曰伺。察。引申謂因人之所需而侍其左右曰伺候。

飭　入

音敕。整齊曰飭。謹飭。飭送。

畜力切。致堅曰飭。引申為堅守亦曰飭。如飭備之飭是。凡條誡語令。必堅詞使無遁飾。故通謂之飭。又申為戒飭申飭之飭。而使人亦謂之飭。

俟　上

音寺。守候曰俟。俟我。久俟。

牀史切。本義大也。叚借為竢。竢待也。經傳竢命竢罪之竢皆作俟。

遣　上

音繾。縱之使去曰遣。遣戍。

驅演切。釋而縱之曰遣。如遣發之遣是。引申謂委而用之亦曰遣。如差遣之遣是。

尋　平

音潯。收索曰尋。尋事。尋仇。

徐心切。度名。八尺曰尋。尋所以度物。引申謂揣度以求失物曰尋。如招尋之尋是。又申謂窺度以求名理曰尋。如尋繹之尋是。

催　平

音崔。促人成事曰催。催取。催租。

倉回切。字本作摧。如詩室人交徧摧我。言其逼迫不堪也。引申之。凡守候其事曰催。

付　去

音傅。以物畀人曰付。交付。收付。

方遇切。从又持物對人。有給與之意也。

促　入

音趣。迫狹之狀。急促。

七玉切。催促也。經史以趣為之。如史記趣趙兵亟入關。漢書趣丞相急行封是。又促織。蟲名。古語促織鳴。嬾婦驚。亦其義也。事經催促則急遽。故引申為匆促之促。人因催促則不安。故又申為局促之促。

委　上　去　平

音萎。積聚為委。委吏。

音骫。任使曰委。差委。委員。

音逶。自得貌。

於偽切。委積。掌于周禮遺人。少曰委。多曰積。皆蓄聚之義。引申為原委之委。謂水流所聚也。又申為委用委棄之委。讀於詭切。

於為切。詩委蛇委蛇。委佗委佗。皆雍容自得之貌。又委隨委曲。皆婉轉之意。

寄　去

音記。有所依曰寄。寄託。寄生。

吉器切。託也。託足之地曰寄。如寄公寄寓之寄是。引申之以事託人亦曰寄。如寄政寄命之寄是。又申為寄書郵之寄。

卸　去

寫去聲。委而去之曰卸。交卸。

司夜切。舍車解馬也。引申為凡解脫之偁。如卸任卸罪之卸是。

試 去

詩去聲。用人以觀其能否曰試。嘗試。試驗。

式至切。用也。如明試以功之試是也。引申為考試之試。國朝取士。自歲科鄉會以至殿試。皆有定格定期。而士人出身之途。即以此為等級。

驗 去

黏去聲。證諸事實曰驗。試驗。查驗。

魚窆切。本馬名。段為考驗之驗。今有驗看月官之制。謂舉是月投選之人而考驗之。又為效驗之驗。謂考之而已著功效者也。

辦 去

音辯。治事曰辦。辦事。嚴辦。

備莧切。本作辨。辨。判也。故為裁判事理曰辦。如科罪曰懲辦。理事曰辦理是也。今官場管理庶務。有督辦總辦會辦幫辦之名。又洋行之經理者曰買辦。

供 平

音恭。備物以應人之求曰供。供給。供養。

居中切。

給 入

音急。與人以財曰給。分給。賞給。

居立切。相足也。如家給人足之給。言足于財用也。禦人口給之給。言足于辯才也。引申謂凡與人財物而使之贍足亦曰給。如付給。給發之給皆是。

需 平

音須。待用曰需。必需。需次。

相俞切。从雨而聲。而者須也。遇雨不進。止有所需也。今通用急需需要之需。皆以須待為義。又易卦名。䷄

用 去

容去聲。操縱事權曰用。合用。用人。

余頌切。施行也。凡用人用物之用皆是。引申之。名其所用之物亦曰用。如財用器用之用皆是。又申為用能是用之用。則作以字解。

費 去

音沸。用之廣也。費用。旅費。音秘。邑名。音扉。姓也。

芳味切。散財物曰費。如論語惠而不費及經費川費之費是。費之言用也。用心力于難處亦曰費。如費解費事之費是。又申為謝人之用心力者。如俗偁費神費心之費是。兵媚切。魯邑名。父沸切。費氏。紂臣費仲之後。

賴 去

音癩。足以相依曰賴。託賴。

落蓋切。利也。有利則可恃。故引申為依賴之賴。又申謂人之不足恃者曰無賴。

預 去

音譽。籌于事前曰預。預備。

羊茹切。凡事不應與而與者曰預。如干預之預是。引申謂未事而逆計者亦曰預。本作豫。

蓄 入

音畜。積聚曰蓄。私蓄。蓄意。

敕六切。積也。謂藏儲財物以備不虞也。引申謂含意未申亦曰蓄。如蓄疑蓄謀之蓄是。

裹 上

音果。纏于四周曰裹。裹足。

古火切。包物曰裹。如詩乃裹餱糧之裹是。引申謂花萼之苞者亦曰裹。

捐 平

音沿。棄物曰捐。賑捐。鬮捐。

與專切。棄也。以其糞除穢污也。引申之。凡有所棄皆曰捐。如人棄世謂之捐館是也。又申之。因棄此而得彼者。即名其所得為捐。如近時捐官是也。

募 去

音暮。招而致之曰募。募兵。募化。

莫故切。求人曰募。如荀子之募選。及近日公牘之報募皆是。引申之。凡勸人以財力報効者皆曰募。

賃 去

音任。以財雇物曰賃。賃屋。召賃。

女禁切。傭也。从貝从任。任言我出財而使人任事也。引申之。凡出財典物皆曰賃。如賃房賃田之賃是。

鋪 去　鋪 平　入

音稗。著門鋪首也。音敷。布也。鋪陳。鋪蓋。音怖。店鋪之鋪。

滂模切。鋪首以銅為之。箸于大門。所以啣環者。古或作龜蛇之形。今多作螺形。芳無切。凡物直懸曰掛。平設曰鋪。又俗作舖。市中鬻物者曰店。鬻物而陳于外者曰鋪。讀普故切。

衍 上

音演。散漫無收曰衍。敷衍。繁衍。

以淺切。水溢流也。从水从行。會意。水滿則溢。故衍文曼衍皆以溢為義。水流必下。故衍沃墳衍皆以下為義。

附 去

音駙。相依傍也。附勢。附生。

符遇切。附婁。小土山也。與坿同。故有附益之義。如詩如塗塗附是也。引申之。凡近而可依者皆曰附。如國有附庸。縣有附郭是也。

添 平

音沾。以此物加彼物中曰添。加添。添補。

他兼切。本作沾。益也。俗以生子為添丁。本唐盧仝故事。

兼 平

音縑。不專于一曰兼。兼全。兼備。

古嫌切。从又持秝。會意。持一禾者為秉。持二禾者為兼。引申為累數之義。如兼味兼人是也。又申為旁通之義。如兼差兼辦是也。

同 平

音桐。反異曰同。同人。同心。同治。

徒東切。會合也。亼口曰合。冃口曰同。會意。故凡事物之不相差異者皆曰同。引申之。凡與人共事亦曰同。又申為會同之同。同人。易卦名也。䷌ 又近人以訂約簽字各執一紙者為合同。

咸 平

音諴。與眾共之曰咸。咸豐。咸宜。

胡喦切。僉同為咸。莊子周徧咸三者。異名同實。其指一也。又易卦名。䷞

共 去　平

蛩去聲。眾聚之偁。共事。總共。音恭。同恭。音供。同供。

渠用切。古文从兩廾。象多人共事之意。引申為統共共計之共。謂以散數合為總數也。叚借為恭。如虔共共敬之共是。讀九容切。又叚為供。如共給共億之共是。讀居用切。

迭 入

音絰。互代也。迭次。

杜結切。交相更替曰迭。如易迭用剛柔。孟子迭為賓主之迭是。

懋 去

音茂。美盛曰懋。懋哉。懋遷。

莫候切。懋从楙，有勉義，亦有盛大義。書德懋懋官，功懋懋賞，上懋字即廣大之義，下懋字即勉義也。

協 入

音挾。和衷共濟曰協。協揆。

胡頰切。和易也。引申為相助為理之義，如大學士之有協辦，總兵之有協鎮是也。

貼 入

音帖。黏不屬者而屬之曰貼。貼補。招貼。

他協切。以此物膠附彼物曰貼。引申謂財用不足而附益之者亦曰貼，如津貼、幫貼之貼是也。

成 平

音城。終事有功者曰成。成就。成功。

時征切。功卒業就曰成。引申之，以名所成之事，即曰成，如詩誰秉國成是也。又申為老成之成，言其練事久也。又成重一聲之轉，故邱一成、壇三成、臺九成之成，皆訓為重。

亨 平

音哼。通順曰亨。元亨。亨通。音烹。同烹。

虛庚切。與享字同。獻也，進孰物也。獻進所以通意，故引申為亨通之亨，叚為亨飪之亨，讀鋪郎切。

徹 入

音轍。通達曰徹。徹底。

直列切。通也。亦作轍。軌依于道無不達，猶事依于理無不通也。引申為徹田為糧之徹，言取貢助兩法而通之。叚借為芟除之義，如詩徹彼桑土，論語不徹薑食是。

勤 平

音芹。任事不倦曰勤。勤勞。辛勤。

渠斤切。勞也。無所愛其心力之謂。凡勤事必有利于人，故引申為恤難之義，如左傳齊方勤我之勤是。又申為與人親附之意，如漢書通殷勤是也。

勉 上

音免。強力而為曰勉。勉強。

美辨切。力不及而強之曰勉。引申之，欲人奮發亦曰勉，如勉勵、勸勉之勉是。

勞 平 去

音牢。竭力赴事曰勞。勞碌。牢去聲。慰人之勞曰勞。勞來。

魯刀切。从力熒省會意。熒，火燒冂，用力者勞也。引申為賢勞、勞苦之勞，皆以心力交瘁為義。近制因効力而得獎敘者曰勞績，又有尋常異常之分。因其勞而有以慰之曰勞，讀郎到切。

暇 去

音夏。無事之日曰暇。暇日。閒暇。

胡駕切。閒日也。引申之，躭閒亦曰暇，如自暇自逸之暇是。又休假、請假之假，實暇字之叚借。

娛 平

音虞。賞心曰娛。娛樂。歡娛。

牛俱切。

睦 入

音牧。和順也。親睦。睦鄰。

莫六切。目順也。引申之，凡人順乎我，我順乎人，皆曰睦。反之則為不睦。

得 入

音德。自我獲之曰得。 得所。 患得。

多則切。取也。取則為我有。故為得失之得。引申為宜字義。如相得之得是。又申為可字能字義。如無得不得之屬是。

失 入

音室。自我棄之曰失。 失物。 失禮。

式質切。从手乙聲。謂物在手而奪去也。引申謂物無意置之曰失。如遺失之失是。遺棄則不能無過。故又申為過失之失。

徧 去 遍

編去聲。周匝也。 周徧。 徧地。

卑見切。于所限之界無不及謂之徧。以地言。如公羊傳不崇朝而雨徧天下是。以人言。如詩室人交徧摧我是。俗作遍。

獘 去 弊

音敝。傾覆曰獘。 弊端。 利弊。

毗祭切。獘或作斃。頓仆也。如左傳與犬犬獘之獘是。頓仆則不振。故引申為覆敗之義。如弊政弊竇之弊是。今沿用作弊。

曠 去

音壙。空廓曰曠。 曠功。 曠事。

苦謗切。明也。凡廣大之區必明且敞。故引申為曠野之曠。又申為空曠之曠。如曠安宅曠庶官是也。

廢 去

音癈。反興為廢。言事不舉也。 廢事。 荒廢。

放吠切。屋頓也。屋傾圮則無用。故引申為廢材廢物之廢。無用則可棄。故又申為廢置廢撤之廢。

棄 去

音器。廢置曰棄。 拋棄。 棄人。

去冀切。凡不適于用而置之曰棄。如棄物棄材之棄是也。引申謂荒嬉而不盡其才者曰自棄。

停 平

音廷。止于其處曰停。 停留。 居停。

特丁切。本作亭。行旅宿食之所也。宿食必少住。故亭亦有少住義。後加人旁作停。

止 上

音紙。停阻曰止。 禁止。

諸紙切。下基曰止。象艸木之出有址。故亦以止為足也。引申之。凡居其所而不動者曰止。以物理言之。凡動者不自止。止則必有阻之者。故又為阻止之止。又申為舉止行止之止。

輟 入

音啜。事中止也。 輟業。 輟朝。

陟劣切。本義車小缺復合也。故引申為暫止之意。如或作或輟之輟是。

妨 平

音芳。事有阻礙曰妨。 妨害。 無妨。

敷房切。

礙 去

音硋。有所隔閡曰礙。 關礙。 礙事。

牛代切。止也。止之使不能進也。引申之。凡事理有所牽制而不獲暢行者皆曰礙。

欠 去

謙去聲。負人錢曰欠。虧欠。欠債。

去劍切。張口運氣曰欠。如欠伸之欠是。欠則氣不足。故引申謂財物不足而負人者亦曰欠。

乏 入

音伐。資用不繼曰乏。窮乏。力乏。

扶法切。反正為乏。正所以受矢。故乏以避矢為本義。段為貶損之義。謂窘無資財也。如乏絕。匱乏之乏是。引申為無字義。如乏善。乏術之乏是。

窮 平

音竆事之極境之困也。固窮。窮人。

渠弓切。窮者至乎其極無以復加之意。如禮記窮高極遠是也。與窘音近。故段為窮困。窮乏之窮。

窘 上

君上聲。為境所迫曰窘。枯窘。窘況。

巨隕切。迫狹不能自由曰窘。故艱于行路曰窘步。處于窮之曰窘景。引申之。凡為人所困辱者亦曰窘。

卻 入　却

羌入聲。退讓之意。推卻。卻之。

乞約切。从卩。有節制之意。卻聘卻幣之卻。謂其節欲不安取也。卻行卻坐之卻。謂其節身不安進也。段為白駒過卻之卻。義與隙同。俗作却。

免 去　上

音勉。舍而得脫曰免。幸免。免稅。音問。喪服之輕者。

美辨切。本作俛。亦作頫。从人从頁。逃省會意。故引申為舍縱之義。如去冠曰免。冠避席曰免席。仕者革職曰免官。婦人生子曰免身。是也。文運切。袒免。喪服之殺者。其制以布廣一寸。从項中前交于額上。又卻向後繞于髻。

冒 去

音耄。託名曰冒。冒充。感冒。

莫報切。冒者蒙也。蒙其名以安作。如招搖撞騙等類。均有不知分量之意。引申之為冒昧。冒犯。皆狀其無知之態也。

串 去

音貫。狎習也。音釧。物相連貫曰串。錢串。串謀。

古患切。與慣通。習以為慣常也。引申謂相與暱近之人曰親串。樞絹切。本作毌。穿物持之也。引申之凡聯散為一者皆曰串。如倉庫收帖曰串子。聚衆合謀曰串通是也。

演 上

音衍。引而申之曰演。演劇。

以淺切。水流也。水流愈引而愈長。故申之為演義。演說之演。言引長其辭義也。天演論為英士赫胥黎所著。其義主乎以人持天。自衛種族。近人已有譯本。

別 入

鞭入聲。相分曰別。區別。辨別。便入聲。相離曰別。分別。

必列切。字本作𠜱。本義為周禮傅別之別。大書一札中破別之。兩家各得一。如今合同聯單是也。引申為夫婦有別。男女有別之別。謂不可混合也。別有離意。故又申為別離之別。讀避列切。

競 去

音倞。不屈于人曰競。爭競。競渡。

具映切。篆文从二人从誩。凡以言相爭曰誩。故競有爭義。今譯天演論。以物競為進化之因。言萬物各爭生存。劣者亡而存者皆優矣。

割 入

音葛。裂取也。割雞。割烹。

居曷切。平分為切。少截為割。如割地割肉之割是。又算術八綫自圜心作斜綫至正切相交處為正割綫。而弧之餘割即餘弧之正割也。

切 入

音竊。斷堅曰切。切磋。切實。切要。切齒。

千結切。治骨角謂之切。引申為凡治堅物之偁。凡堅物質點相距最近。切之者離其相近之點。故又申為切近之切。更申為急切之切。又音學以子母二音合而成聲曰反切。算學八綫有正切餘切綫。

賸 去

音孕。物加送曰賸。音乘。物有餘曰賸。

以證切。以物與人而益以他物曰賸。猶以女嫁人而副以他女曰媵。實證切。物較少而益之曰增。物較多而有餘曰賸。俗作剩。非。

鬧 去

音淖。人聲嘈雜曰鬧。鬧事。吵鬧。

奴教切。本作譟。从言喿聲。羣鳴也。後乃沿用鬧字。从鬥从市。取市中煩囂之意。引申謂往來擾攘曰鬧熱。彼此執競曰爭鬧。

鬭 去

兜去聲。兩相持曰鬭。鬭力。鬭智。械鬭。

丁候切。相接曰鬭。如木工鬭筍之鬭是。引申之以兵仗相接以心思相爭皆曰鬭。則與鬥同義。

罷 上 平

音備。事停而不理曰罷。罷了。音皮。勞瘁也。罷病。

部買切。从网从能。言賢能入罔即貰遣之也。故人臣去職曰罷官。罷則不預其事。故引申謂事止曰罷。又申謂勞頓不勝事者曰罷。與疲同義。讀蒲縻切。

完 平

音桓。物無虧缺曰完。完固。完人。

胡官切。完者全也。無所損失之謂也。引申謂因損失而整治之亦曰完。如舜之完廩是也。今俗以事畢為完事。亦取始終完全之意。

歇 入

音蠍。休息曰歇。歇夏。

許竭切。力竭也。引申謂養力曰歇。如安歇之歇是。歇則無所事事。故又申為凡罷事皆曰歇。如俗所謂歇業歇工是也。

畢 入

音必。事之終也。禮畢。畢竟。

壁吉切。田網也。从田从𠦒象形。如詩畢之羅之是。段借為竟字義。如畢事畢業之畢是。亦作盡字義。如畢至畢來之畢是。

了 上

聊上聲。終事曰了。未了。過了。

盧鳥切。手攣曰了。故从子無臂。段借為了然了了之了。曉解也。又為了結完了之了。事畢也。

訖 入 迄

音[illegible]。畢也。收訖。付訖。音汔。至也。迄今。迄此。

居乙切。事竟也。凡事以自始至終為竟。故引申之。自前至後自彼至此皆曰訖。或作迄。如詩以迄于今。書聲教訖于四海皆是。讀許乙切。

狀（去）

音漴。貌其形曰狀。形狀。狀元。

助亮切。狀犬形也。引申之為凡形物之偁。如狀貌、情狀之狀是。又申之以言語形容其狀亦曰狀。如功狀、罪狀、告狀之狀是。

儼（上）

嚴上聲。莊嚴之貌。儼然。

魚檢切。昂頭也。有肅敬之義。故論語望之儼然之儼訓為莊。至儼若、儼有之儼。又儼然之義所引申也。

宛（上、平）

音碗。酷肖其形曰宛然。宛宛。委宛。音鴛。大宛。漢西域國名。

委遠切。屈艸自覆也。邛上有邛曰宛邛。亦取自覆之意。又狀物之儼然者曰宛。如詩宛在水中央是。於袁切。漢大宛國。當今霍罕地。

肖（去）

音笑。相似曰肖。酷肖。肖子。

私妙切。骨肉相似也。引申之凡似者皆曰肖。凡不似者即曰不肖。如孟子丹朱之不肖、舜之子亦不肖是。

長（上、平）

音場。短之對也。長短。長安。音掌。爵尊齒高皆曰長。長幼。長官。

仲良切。倍其丈尺為長。引申為長久、優長之長。展兩切。年高曰長。長子之長。謂其年長于衆子也。家長之長。謂其長于一家也。至君長、長上之長。則以位之尊而長之。

短（上）

端上聲。不長曰短。日短。短小。

都管切。橫用之器矢。豎用之器豆。最短。故从矢从豆會意。引申之凡不長者皆曰短。如短兵、短折之短是。短又少之詞。故翹人之過亦曰短。

澄衷蒙學堂字課圖說　卷四　六十一

侔（平）

音謀。齊等之意。相侔。不侔。

迷浮切。

厚（上）

候上聲。薄之對也。厚薄。寬厚。

很口切。厚與㫗同音異義。㫗專指山陵之㫗而言。今通用厚。又凡不薄者皆曰厚。如厚重、長厚之類是。

薄（入）

音泊。物質單者謂之薄。薄情。澆薄。音博。迫也。

傍各切。艸叢生曰薄。轉為帷薄、蠶薄之薄。簾也。又段為厚薄之薄。迫各切。相逼迫也。如易雷風相薄、左傳薄而觀之是。傍晚曰薄暮。亦言迫近于暮也。

亢（去、平）

音閌。人頸曰亢。搤亢。糠去聲。無所卑屈曰亢。高亢。

亢　古郎切。人頸也。从大省。象頸脈形。推之鳥嚨亦名為亢。苦浪切。高也。極也。亢志、亢節之亢以高為義。亢龍、亢寵之亢以極為義。又東方有四星名曰亢。

卑（平）

音盃。對尊而言曰卑。對高而言亦曰卑。卑職。卑下。

逋眉切。卑賤也。用為凡謙遜之偁。賤者必下。故下溼之地亦曰卑。

巨（上）

渠上聲。事物之大者曰巨。巨細。巨資。

其呂切。矩之本字也。通訓為大。如巨川、巨室之巨是。萬萬曰巨萬。亦謂數之大者也。

細
去

音壻。巨之反也。粗細。細行。

蘇計切。微也。引申為精細詳細子細。謂其處事精詳不遺纖微也。更申之。行纖微之惠即曰細人。伺纖微之事即曰細作。

微
平

音薇。渺小曰微。微細。微生物。

無非切。微細之微。本作散。今通用微。空氣中有微物焉。以顯微鏡照之。種類甚多。難以分晰。因總名為微生物。此物著于他物。他物即發酵腐敗。著于人身。人即病瘟疫肺癆瘋癲等症。泰西醫學家考之最精。

小
上

蕭上聲。凡不大者皆曰小。小人。大小。

先了切。从八丨會意。八者分別也。物質愈分則愈小。故申為小大之小。因其小而小之亦曰小。

藐
上　入

音眇。貌之小者曰藐。藐小。藐視。音邈。美也。

亡沼切。小也。凡小視人者通謂之藐。又叚為美盛之偁。如詩既成藐藐是。讀莫角切。

渺
上

音眇。曠遠之貌。微渺。渺茫。

彌沼切。說文無渺字。大徐新附。淼大水也。从三水。或作渺。水大則浩瀚瀰漫。一望無際。故引申為杳渺之渺。又申為傷遠之詞。如沿用之渺渺予懷是也。

杳
上

音窅。日將西匿曰杳。杳然。杳杳。

烏皎切。冥也。从日在木下。言日晡則反景上照于桑榆也。又古言若木為日所升降。故日在木上為杲。日在木中為東。日在木下為杳。引申為深遠之意。如杳渺之杳是。

邈
入

音⿱貌心。曠遠之貌。幽邈。邈邈。

莫角切。

幽
平

音呦。隱曲之處曰幽。幽居。幽明。

于尤切。幽有深遠難明之意。故字从山从𢆶。與隱陰字从阜同意。幽人幽谷之幽。亦謂其隱晦也。

寂
入

音籍。虛無人聲曰寂。寂寞。閒寂。

前歷切。本作⿱宀尗。重文作諔。無人聲也。如寂寞之寂是。引申為空無人民之貌。如寂寥之寂是。

稀
平

音希。不密曰稀。稀疏。古稀。

香依切。疏也。與希通。

密
入

音蜜。深藏不露謂之密。秘密。密電。

覓筆切。山如堂者密。謂其隱曲而不露也。故幾密慎密之密。皆以不露為義。引申為稠密之密。如易密雲不雨是。更申為密近之密。如書密邇王室是。

闊
入

音适。寬廣曰闊。疏闊。闊大。闊人。

苦活切。疏也。疏則寬而不密。故申為寬闊之闊。久不相見曰闊別。亦謂久別情疏也。

狹 入

音匣。不濶曰狹。狹窄。隘狹。

下甲切。隘也。人無包容之度曰量狹。途不能暢人之行曰路狹。又與狎通。暱也。狎暱亦作狹暱。

詳 平

音翔。不簡畧曰詳。詳細。上詳。

徐羊切。審議也。引申為反覆推求無少遺漏之偁。今州縣判牘定讞後。必詳其事於上吏。謂之詳文。

精 平

音晶。明潔曰精。精力。妖精。

子盈切。擇米曰精。引申之。凡擇之已純皆曰精。其屬於人身者為精神。精氣之精。藏精有囊。在膀胱底與直腸中。精質分為三。一精液。無色通明。一精珠。四千箇長一寸。一蝌蚪。生元五百箇長一寸。

略 入

音掠。麤舉大端謂之略。略地。七略。

離灼切。从田各聲。亦會意字。謂經略土地。各正疆域也。引申之。凡有條理者皆曰略。如韜略。方略是。反之為疏略。忽略。言不以條理剖白之也。又奪也。奪於室曰搜。奪於道曰略。係掠字之段借。

麤 平 粗

音粗。不精曰麤。麤厲。麤細。

倉胡切。行超遠也。謂二鹿逐一鹿之後。其行故超遠也。逐則步大而莽。故麤又有麤大。麤鹵之偁。麤糲之麤。則為粗之段借字。粗疏也。與麤別。今通用。

卓 入

音涿。特立不羣謂之卓。堅卓。卓絕。

側角切。卓从匕从早。為高遠異常之皃。故器度異常曰卓。舉政治異常曰卓異。又卓然。卓爾。皆形容之詞。亦以其人之超越乎尋常也。

異 去

移去聲。翹然獨出曰異。異姓。異數。

年吏切。不同曰異。如異名。異趣是。反常亦曰異。如奇異。妖異是。又為特別之義。如事之可貴者曰珍異。物之超出乎凡庸者曰異等是。

挺 上

音艇。特出有力曰挺。挺拔。勁挺。

待鼎切。挺从手。言手持物而挺出之也。引申為挺身。挺胸之挺。

矯 上

驕上聲。卓爾不羣曰矯。矯詐。矯然。

居夭切。揉箭箝也。故正曲使直曰矯。引申為矯枉。矯情。矯飾之矯。更申為矯命。矯制之矯。至中庸強哉矯。詩矯矯虎臣。皆趫之段借字。

譪 去

音靄。容止可親曰譪。譪然。和譪。

于蓋切。樹木繁茂皃。引申為凡茂盛之稱。詩譪譪王多吉士。謂賢士之盛。有如林木也。又美言曰譪。如韓文仁義之人其言譪如是。

兢 平

音矜。戒懼曰兢。兢兢。戰兢。

居陵切。兢之義取諸敬。言敬慎自持也。凡經傳所稱兢兢。兢兢皆戒謹恐懼之意。

靖 上

音穽。安定曰靖。靖共。

疾郢切。安也。使之相安亦曰靖。如詩肆其靖之。傳。君務靖亂之靖是。

燦 去

音粲。爛然大備曰燦。燦爛　燦燦。

倉案切。通作粲。

穆 入

音目。淵然以深曰穆。靜穆。

莫卜切。禾也。叚借為昭穆之穆。宗廟主敘。故又訓為敘。如書我其為王穆卜是。又重言形況字。有以美言者。如穆穆文王。狀其容止之美也。有以多言者。如天子穆穆。狀其威儀之多也。

赫 入

音黑。聲勢大張謂之赫。赫赫　赫然。

郝格切。赫火赤皃。從二赤。謂赤之盛也。引申為炫赫顯赫。赫赫言聲勢發揚如火之赤也。

綽 入

音婥。有餘裕也。寬綽　綽綽。

昌約切。寬然有餘曰綽。詞賦中綽態綽約。亦言其美麗之有餘也。

裕 去

音諭。綽有餘地曰裕。寬裕　裕民。

俞戍切。衣物饒也。引申為凡寬饒之偁。

悠 平

音由。深長思也。悠久　悠悠。

以周切。憂思也。憂思則久而不輟。故引申為悠遠之悠。

永 上

音梂。遠且長者謂之永。永遠　永年。

于憬切。永為水長皃。如詩江之永矣是。永懷永賴永終之永。皆從長義引申。

普 上

音浦。大無不徧曰普。普天　普通學。

滂古切。本作暜。日無色也。日無色則遠近皆晦。故申為普徧之普。

太 去

音汰。過於尋常曰太。太平　太少。

他蓋切。古作大。亦叚作泰。極至之詞。如太空太上之太。至上之至也。俗語太好太多之太。言好之至多之至也。

豐 平

音酆。充盛曰豐。豐收　豐滿。

敷戎切。豆之豐滿者也。从豆。从山。會意。山取其高大。丰象滿形。引申為凡充滿之偁。如草盛曰豐草。大有年曰豐年。皃肥滿曰豐盈之類。又卦名䷶。

碩 入

音石。大也。碩鼠　碩人。

常隻切。頭大也。引申為凡大之偁。

隆 平

音癃。豐盛曰隆。興隆　隆冬。

良中切。盛大也。

盛 去 平

音成。以器受物曰盛 粢盛 成去聲。氣象昌熾曰盛 盛衰

氏征切。受也。黍稷曰粢。在器曰盛。謂盛黍稷於器也。引申之。器能容物。皆曰盛。承政切。盛者衰之對也。

熙 平

音僖。光明盛大之皃 康熙 熙朝

許其切。燥也。謂火之燥烈也。火烈則光明。故光明曰熙。如緝熙純熙是。光明則廣大。故廣大曰熙。如庶績咸熙。熙帝之載是。衆人熙熙之熙。係嫛之叚借字。

彬 平 斌

音瀕。文質適均曰彬 彬彬

悲巾切。說文作份。亦作斌。文質備也。謂其相雜成章。無畸輕畸重之弊也。

宏 平

音紅。廣大曰宏 宏大 寬宏

平萌切。屋深響也。深大之屋。放聲一呼。聲浪着壁傳回。如應響然。故字从宀。厷聲。亦會意也。引申之。凡聲之大者曰宏。如考工記。羸屬大聲而宏是也。又申為凡寬大之偁。與竤閎洪通。

炳 上

音丙。明照曰炳 烺炳 炳然

兵永切。明也。从火丙聲。如火之明光畢照也。

崇 平

音漴。高大曰崇 高之大之亦曰崇 崇高 崇德

鉏中切。从山宗聲。中岳為山之宗。故嵩山亦曰崇。高山引申為尊崇之崇。叚借為終。崇朝終朝也。

巍 平

音嵬。山形高峻謂之巍 崔巍 巍峩

語韋切。高也。重言形況字。如論語巍巍乎是。俗省作魏。又申為獨立之皃。如莊子魏然而已是。

溥 上

音普。廣大曰溥 溥大 溥通

滂古切。溥水大也。引申為大。無不徧之偁。義與普通。

峻 去

音浚。峭高曰峻 峻險 嚴峻

須閏切。高出地上謂之峻。言高峭非常也。峭則險厲可畏。故引申為峻文峻法之峻。

浩 上

音皓。大也 浩蕩 浩浩

合老切。浩為水流盛大之皃。與汪洋同意。亦作灝。引申為凡盛大之偁。

洪 平

音紅。洚水曰洪 洪大 洪鐘

胡公切。大水也。洪荒洪鈞之洪。皆引申大字之義。

汪 平

音尫。狀水之深廣也 汪洋 汪汪

烏光切。水勢盛大謂之汪。水停不流。亦謂之汪。左傳尸諸周氏之汪。謂池之汙濁者也。

渥 入

音握。水厚漬也。優渥 渥赭

乙角切。渥本義為水之漬。漬浸潤也。引申為寵渥之渥。言恩澤之多如水之漸漬不已也。

滔 平

音叨。水流浩蕩之貌。滔天 滔滔

他刀切。水漫漫大也。引申為流而不返之意。

蕩 去

音盪。大也。浩蕩 放蕩

待朗切。蕩者水流浩蕩也。引申為廣遠之皃。務為廣遠則不拘小節。故又申為蕩檢踰閑之蕩。

沖 平

音蟲。水深動皃。沖動 沖齡

直弓切。水從穴中震動也。引申之凡震動者皆曰沖。如素問惋則沖陰是。沖又段為幼小之偁。如沖子沖人之沖是。

淨 去

音穽。無垢曰淨。潔淨 明淨

才性切。潔淨之淨本作瀞。今通用淨。淨之本義為魯北門城池也。其門曰淨門。即因池水而名。讀士耕切。今其音義已晦。

滑 入

音猾。溜而不滯也。滑澤 路滑

音骨。義同。

戶八切。素問脉分大小滑濇浮沈。滑者往來流利也。引申之人之流利過甚者曰狡滑。又言之流利過甚者曰滑稽。讀古忽切。滑古與猾同。

玲 平

音靈。狀玉之聲也。

郎丁切。玉聲也。其聲泠泠然明且清也。引申之凡人物明爽可喜者亦曰玲瓏。

瓏 平

音龍。玉聲也。玲瓏

尤鍾切。禱旱玉也。从玉从龍會意。以雲从龍。雲行則雨也。引申為玉度鏗鏘之聲。

團 平

音摶。形之圓者曰團。團圞 團扇

徒官切。團圓也。俗名瓜蔞為黃團。亦以其形之圓也。物之圓者必有結力。故引申為團結不解之團。今集衆以衛鄉里曰團練。有民團鄉團漁團等名。即此意也。

尖 平

音漸。物端銳者曰尖。尖頭 筆尖

子廉切。本作[illegible]。俗作尖。末銳而小之謂。

扁 上 平

上：音匾。器不圓也。扁額

平：音篇。小舟曰扁舟。

補典切。从戶冊會意。署門戶之文也。段借為不圓曰扁。如漢書三韓生兒欲其頭扁是也。紕延切。

豎 上

音裋。直立曰豎。建豎 童豎

上主切。凡柱石峙立者謂之豎。使物峙立亦謂之豎。又訓為小。故童僕未冠者曰豎。內庭小臣亦曰豎。他如豎儒豎子亦皆小視人之稱。

硬 去

音額去聲。質堅曰硬。 強硬。 硬弓。

五更切。从石。謂石之堅也。引申之。凡類石之堅者皆曰硬。

堅 平

音肩。牢不可破曰堅。 堅固。 堅利。

古賢切。剛勁也。堅定堅實之堅。以剛為義。中堅堅壁之堅。以勁為義。

確 入

音殼。堅不可移曰確。 的確。 確實。

苦角切。本作塙。亦作碻。確有堅實之意。故事之堅守不易者曰堅確。言之切實不移者曰確切。

實 入

音失。中質充滿曰實。 實缺。 虛實。

食質切。凡物充積於中者謂之實。故字从宀从貫。言貨貝相積而成富實也。實則確有可指。故凡不虛者皆曰實。如事實誠實之實。是引申為華實之實。花曰華。果曰實。

鈍 去

音遯。不利曰鈍。 頑鈍。 利鈍。

徒困切。从金屯聲。金主殺。取其鋒之利也。不利則鈍。故俗稱刀口無鋒謂之鈍。引申為遲鈍駑鈍之鈍。言人性不敏。如鋒之不利也。形學以大於九十度之角為鈍角。亦取不鋒利之意。

銳 去

音歲。鋒利曰銳。 英銳。 銳氣。

于芮切。銳芒也。謂物之有鋒芒者也。引申之。勇往直前亦曰銳。如銳進之銳。是形學以小於直角之角為銳角。謂其角尖鋒銳也。

曲 入

音促。不直曰曲。 唱曲。 曲直。

側角切。古文作乚。漢隸作乙。均象不方正之形也。曲士曲池。皆取其義。引申之。不直亦為曲。如委曲曲折之曲。是篆文作𠙺。則象蠶薄形。

缺 入

音闕。由盈而虧曰缺。 缺貨。 補缺。

苦穴切。瓦器破也。因謂凡破損者曰缺。引申為欠缺之缺。今實任官曰實缺。謂其官缺人。而以之充補也。後遂有選缺調缺開缺出缺等名。

穩 上

溫上聲。安妥曰穩。 穩當。 安穩。

烏本切。

妥 上

音媠。安置不頗曰妥。 平妥。 妥貼。

吐火切。

融 平

音瀜。鎔散曰融。 通融。 融和。

以中切。炊氣上出也。引申為朗。如左傳明而未融是。通訓為長。如詩昭明有融是。又重言形況字。融融和樂皃。又火正曰祝融。亦從明朗之義引申。

均 平

音鈞。平徧曰均。 均分。 均平。

規倫切。从勻从土。會意。周制以土均齊天下之政。而民得其平。故以平訓均。古者天子設四代之學曰成均。亦所以齊一天下也。即今國子監之制。

匀 平

音云。物平分謂之匀。調匀。匀稱。

羊倫切。匀與均同意。言調平周徧，不使有多少之分也。

坦 上

灘上聲。寬平曰坦。坦白。平坦。

儻旱切。平直不頗謂之坦。如履道坦坦之坦。是引申之為坦白之坦。謂人耿直無私，若大路之平坦也。今稱人壻亦謂之坦。本王羲之坦腹東牀故事。

整 上

征上聲。齊飭之貌。整理。整容。

之郢切。齊也。亂而齊之曰整頓。齊而不亂曰整齊。

散 去 上

音傘。漫無歸束曰散。散學。閒散。音饊。義同。

蘇旱切。分離曰散。引申為聚散、放散。與丸散之散。又讀蘇旰切。

紛 平

音芬。繁亂曰紛。紛紜。紛繁。

府文切。馬尾韜也。馬尾散亂，韜以束之也。引申之，亂而無所歸束者，皆曰紛。

紜 平

音雲。猶紛也。紛紜。

于分切。本作䭲。物數棼亂曰紛䭲。紛䭲，疊韻連語詞也。

迅 去

音信。疾也。迅速。迅雷。

思晉切。从凡从辵。會意。疾行也。引申為凡疾之偁。

猝 入

音𦁆。怱遽曰猝。倉猝。猝然。

麤沒切。犬从艸暴出逐人也。有急不暇擇之意。經傳多以卒為之。

徐 平

序平聲。從容不迫曰徐。徐行。舒徐。

祥於切。徐為寬舒和緩之意。言其狀之自在流行也。

緩 上

音浣。故為寬假曰緩。遲緩。緩步。和緩。

胡管切。綽也。寬綽則有舒遲之意。故又訓遲。如緩行、緩圖之類。

緊 上

音謹。急迫曰緊。緊要。加緊。

居忍切。从臤从絲省。會意。纏絲急也。引申之，凡不寬者皆曰緊。

迫 入

音百。急促曰迫。急迫。逼迫。

博白切。迫有無可如何之意。人以事窘我謂之迫。我以事窘人亦謂之迫。

艱 平

音閒 難也 艱難 艱險

居閑切 土難治也 引申為不易之偁 如艱窘 艱澀 艱苦之類是 今人親沒曰丁艱 謂當人生最艱堪之境也

窒 入

音挃 阻隔曰窒 穹窒

陟栗切 塞也 由此之彼而中有所阻則謂之窒 引申為凡有阻止者皆曰窒 如窒礙之窒是

難 去 平

音難 不易之偁也 難事 難易

音難 患也 難經 患難

那干切 古作鷬 鷬鳥也 叚為艱窘之義 如艱難之難是 引申之以難事窘人曰難 如問難之難 是為人所窘亦曰難 如禍難之難 是均讀乃旦切

雜 襍 入

音雜 不純曰雜 雜貨 繁雜

徂合切 古作襍 从衣集聲 駁彩也 言五彩相合成文也 引申之凡駁而不純者皆曰雜

滯 去

音彘 不流通曰滯 拙滯 沾滯

直例切 凝也 對流而言

瑣 上

音𧴪 繁碎曰瑣 瑣屑 瑣碎

蘇果切 从玉𧴪聲 玉聲之細碎者 故引申為凡細小之偁

繁 平

音煩 眾多也 繁華 繁雜

音盤 馬腹帶也 繁纓

符袁切 本訓馬鬣飾也 古文作緐 从糸从每 會意 每者草盛上出皃 鬣飾如之 故謂之緐 緐則雜而難理 故申為緐亂之緐 蒲官切

贍 去

苫去聲 饒富曰贍 贍家 典贍

時豔切 贍足也

爽 上

音塽 明敞曰爽 清爽 爽氣

疏兩切 明也 故天甫明曰昧爽 引申為地之高明者曰爽 如爽塏之爽是 德足以比明者亦曰爽 如競爽之爽是 又叚為過忒之義 故二三其德曰爽德

充 平

䟫平聲 盈滿曰充 充滿 充足

昌中切 本義育子長大成人也 引申為充斥 充實之充 言物之充積於中 如人之由少而壯 精力充足也 充則必塞 故更申為充塞之充 如詩褎如充耳是

敞 上

音廠 高平之地曰敞 宏敞 張敞

昌兩切 平治高土 可以遠望也 寬敞 軒敞之敞 皆自此引申

暢 去

音悵 條達曰暢 暢言 通暢

丑亮切 無所留滯謂之暢 暢者滿意之詞 故引申為暢快之暢

增 平

音曾。以物相積累曰增。增益。增廣。

咨登切。增从土。以土相積也。積則漸高。故凡累加者皆曰增。

益 入

嬰入聲。加多曰益。增益。損益。

伊昔切。加也。从水在皿上會意。引申之。加於我者亦曰益。如有益利益之類是。又易卦名。䷩

虧 平

音墟。由盈而缺曰虧。盈虧。虧本。

驅為切。虧气損也。引申為損缺之侮。

損 上

孫上聲。物減少曰損。損益。損卦。

蘇本切。減也。引申為損益之損。更申為損傷之損。又易卦名。䷨

空 平 去

音崆。中虛曰空。空氣。司空。音控。窮乏也。屢空。

苦紅切。竅也。从穴工聲。經傳亦以孔為之。如空穴空道之空是。孔必中空。故引申為空虛之空。天亦曰太空。言天本空洞無物也。又申為空乏之空。讀苦貢切。

虛 平

音祛大邱曰虛。邱虛。音嘘。物中空謂之虛。虛心。

去魚切。邱也。如詩升彼虛矣是。字亦作墟。引申為空虛之虛。讀休居切。又星名。書宵中星虛是也。

竭 入

音傑。無餘曰竭。竭盡。川竭。

渠列切。盡也。盡澤之水曰竭澤。盡人之力曰竭力。

盡 上

秦上聲。空諸所有曰盡。盡興。盡性。

慈忍切。器中空也。空則無餘。故申為盡心盡力之盡。又申為盡室偕行之盡。

隱 上 去

音檃。不顯曰隱。隱約。隱憂。音檼。倚也。凡隱。

倚謹切。蔽也。蔽則深藏不可見。故逃身僻地曰隱士。引申之。可隱其身即曰隱。如傳腧隱而待之。隱者短牆也。又為隱痛之隱。如孟子王若隱其無罪而就死地是。於靳切。憑也。如孟子隱几而卧是。

顯 上

音憲。彰明易見謂之顯。顯達。顯微鏡。

呼典切。从頁从㬎會意。言首飾之光明也。引申為明顯之顯。又申為貴顯之顯。

彰 平

音樟。表見於外曰彰。昭彰。彰著。

諸良切。彰从彡从章。文章也。引申為表彰之彰。謂文章之見於外也。

痕 平

音亨。著跡曰痕。苔痕。酒痕。

户恩切。創瘢曰痕。引申為凡痕跡之痕。

觸 入

衝入聲。突與物遇曰觸。 感觸。 觸機。

樞玉切。觸从角。有角之獸。多以角撞物。故謂之觸。引申為感觸之觸。如觸怒。觸愁。是。西國有觸牛之戲。謂以牛角兩相觸也。如中國鬭雞然。

透 去

偷去聲。通徹曰透。 透達。

他候切。過也。過則無不通。故又訓為通。

裂 入

音列。整者破之曰裂。 決裂。 裂縫。

力薛切。繒餘也。从衣。列。會意。引申為衣裳綻裂之裂。又申為凡物破裂之裂。

轟 平

音橫。羣車聲也。 轟擊。

呼宏切。从三車。會意。羣車齊行。聲浪重疊。傳遞。聲轟轟然也。雷聲與車聲相若。故又為狀雷聲之詞。引申之。凡有轟然之聲者。皆得以轟狀之。

延 平

音綖。緜長曰延。 延壽。 遲延。

以言切。長行也。永年曰延年。即取延長之義。至引賢使進曰延。攬。遲留不前曰遷延。則又從行字所引申也。

蔽 去

音閉。覆障曰蔽。 蔽塞。 遮蔽。

必袂切。小草也。小草雖材不適用。而掩映蒙蔽。則有餘。故引申為遮蔽之蔽。蔽則視聽不真。故又申為闇蔽之蔽。

複 入

音福。重疊曰複。 重複。 複壁。

方六切。衣有裏。謂之複。引申為複道。複屋之複。複。重也。

突 入

音葖。猝然而至曰突。 突出。 突然。

陀骨切。从穴。从犬。犬从穴出。其行必驟。故引申之。凡驟然而至者。皆曰突。如唐突。突兀之突。是。

括 入

音聒。以手取物曰括。 收括。 括囊。

古活切。括从手。以手挈取物也。引申為包括。囊括之括。蓋從本義推而廣之。

連 平

音漣。相續不絕曰連。 連合。 流連。

陵延切。續也。引申為連結。連衡之連。孟子從流下而忘反謂之連。亦言游興之連續不絕也。

循

平

音旬。遵道而行曰循。循理。持循。

詳倫切。執持而順行之也。引申之。奉公守法曰率循。安慰勞問曰撫循。又申為循環之循。謂如環之旋繞不息也。

藉

去 入

音籍。有所依仗曰藉。憑藉。藉口。音藉。繁亂之皃。

慈夜切。薦也。如易藉用白茅是。薦則借物以為憑。而綽有餘地。故借詞以慰人曰慰藉。寬博有餘曰醞藉。秦昔切。狼藉。離披雜亂皃。引申之。人言嘈雜亦曰藉藉。

交

平

音焦。兩相接曰交。論交。交代。

居肴切。交脛也。引申為交接交際之交。故朋友以氣誼聯合曰知交。商賈以貨物貿遷曰交易。

互

去

音護。彼此交通曰互。交互。互市。

互 胡誤切。互有糾繩意。象人手之推握也。推握則參差不齊。因引申為參互交互之互。今泰西諸國。麕集中土。准其通商貿易。謂之互市。周禮。鼈人掌取互物。謂有甲龜鱉之屬。

隔

入

音膈。障蔽不通曰隔。阻隔。隔絕。

各額切。塞也。

脫

入

音奪。物失其維繫曰脫。灑脫。脫帽。

徒活切。脫本為肉去骨之義。謂使肉與骨相離也。引申之。凡由合而離者。皆謂之脫。如脫簡脫免之脫。是由合而離。離則化繁質為簡質。故又申為簡易之偁。如脫畧疏脫之脫。是。又為或然之詞。漢書。脫有不諱。脫有。設有也。

奮

去

音僨。震動曰奮。奮飛。虎奮。

方問切。奮有羽翮張滿之意。謂其氣鼓激而不可遏也。奮勇奮發之奮。即由是而申。

勃

入

音孛。驟不可遏曰勃。勃發。勃谿。

薄沒切。勃。排也。排之以力也。引申為卒發之義。如勃然色變。是。又兩相詬誶曰勃谿。

反

上 平

音返。背常曰反。回還亦曰反。反正。反國。音幡。平反之反也。

甫遠切。反。對正而言也。事相反必經覆定。故詳覆其詞曰反復。引申之。復於其所亦曰反。又申為平反之反。言斷獄者理正幽枉。反之使平也。讀孚艱切。

覆

去 入

否去聲。從上掩之曰覆。覆幬。顛覆。音蝠。反也。

敷救切。蓋也。如詩鳥覆翼之。禮見若覆夏屋者矣。是。覆物於上。其形必俯。故引申為反覆傾覆之覆。讀芳福切。

翩

平

音篇。疾飛也。翩翩。翩然。

芳連切。羽毛輕舉也。引申為往來輕利之皃。如詩緝緝翩翩。是。

翻

平

音番。鳥高飛皃。翩翻。

符袁切。翻與翩同意。本聯屬成文。為鳥飛翱翔之貌。與幡反字均通。

偏 平

音篇。中之四旁曰偏。偏枯。偏心。

紕連切。不中曰偏。不全亦曰偏。偏東偏西及偏袒之偏。皆以不中為義。偏安偏國及偏衣之偏。皆以不全為義。

仄 入

音汄。通作側。又平仄。字聲也。狹仄。

阻力切。从厂从人。人處厂下。處有傾側之象。故謂之仄。引申為凡狹隘之處皆曰仄。如逼仄險仄是。

柔 平

受平聲。反乎剛者謂之柔。柔遠。剛柔。

而由切。木曲直也。為草木初生之義。物初生必弱。故引申為柔弱之柔。如優柔柔婉之柔皆是。

猛 上

音蜢。勇健莫當曰猛。猛獸。寬猛。

莫杏切。健犬也。引申為凡健銳之偁。如猛厲勇猛之類是。

勁 去

頸去聲。堅健有力曰勁。後勁。剛勁。

居慶切。勁勇也。凡氣力剛銳者通謂之勁。引申為勁敵之勁。俗偁用力曰使勁。亦以狀其奮勇也。

悍 去

音翰。性暴戾曰悍。強悍。悍婦。

侯翰切。

酷 入

音焅。過厲曰酷。酷慕。殘酷。

苦沃切。酒味厚也。酒味厚則性尤烈。故凡烈者皆謂之酷。如酷吏酷暑之酷是。引申為酷好之酷。

凋 平

音貂。物敗落曰凋。凋零。榮凋。

都聊切。凋傷也。謂物之搖落而變摧也。通作彫。如歲寒然後知松柏之後彫是。

矮 上

隘上聲。形之短者曰矮。高矮。矮屋。

烏蟹切。短人也。引申為凡短者之偁。

淒 平

音妻。寒涼之意。淒風。淒楚。

千西切。雲雨起皃。雨則景物蕭槭。觸目感懷。如詩秋日淒淒。風雨淒淒。皆狀景物淒涼之詞。

森 平

音參木衆多貌
蕭森 森森

疏簪切森从木从林木多成林之象也引申為森嚴之森

豔 去

鹽去聲色之美者曰豔
嬌豔 豔色

以贍切

嫩 去

能去聲少好貌
嫩箭 嬌嫩

乳袞切嫩从女言女體柔弱也引申之凡柔脆之體皆曰嫩如嫩枝嫩蘂之嫩皆是

巧 上

敲上聲技能精良曰巧
湊巧 巧妙

苦絞切字从工凡機之巧者莫如工故謂之巧引申之凡不拙者皆曰巧

妙 去

音廟精美曰妙
妙極 微妙

彌笑切妙有美善之意故境之佳者曰妙境年之少者曰妙年引申之又為神明不測之義如道德高妙與妙萬物而為言之妙是也

庸 平

音容平常曰庸
中庸 庸愚

餘封切庸用也常也以常道為用也拘守常格則無穎異之性故申為凡庸之庸又民功曰庸如書有能奮庸熙帝之載孟子利之而不庸是

底 上

音邸物托曰底
底止 水底

典禮切止居也凡有所止亦曰底如詩靡所底止伊於何底是止者必在物下故謂器臀曰底如有底曰囊無底曰橐是文書稿亦曰底文書以底稿為基址猶器物以下層為基址也

劇 入

音屐甚也
劇 戲劇 繁劇

奇逆切劇為已甚之詞如漢書口吃不能劇談劇秦美新之劇是引申為繁劇之劇又演戲者刻意形容不嫌過甚故亦曰演劇

舊 去

音柩不新曰舊
仍舊 舊交

巨又切舊者對新之偁就世界言今為新古為舊就器物言歷年少者為新歷年多者為舊就人事言則以宜今為新宜古不宜今為舊故凡不宜于今者統謂之舊

斂 上

音鐮聚而藏之曰斂
聚斂 斂財

良冉切斂收也藏也斂取于人而收藏之也引申之為斂怨斂愁之斂與歛別

人（平）

音仁 萬物之靈 曰人 聖人 人己

而鄰切 象臂脛之形 倮蟲三百六十 聖人為之長

我（上）

俄上聲 自偁之詞 我國 爾我

五可切 自身曰我 推之為我家 為我國 皆就身之所施者以為言也

吾（平）

音梧 自偁之詞 吾黨 伊吾

訛胡切 與余同 為自偁之詞 然余平而吾倨也 故謂人之遲疑而不即應者曰支吾 謂人之吟哦而不高唱者曰伊吾 又漢官名曰執金吾 掌宮外戒司非常水火之事 如今九門提督之職

余（平）

音餘 自偁之詞 余一人 余小子

雲居切 余語之舒也 蓋自偁發聲之詞 引申之 四月謂之余月 言四月萬物皆生 枝葉舒放也

予（上）（平）

音余 自偁之詞 予心 音與 以物賜人 曰予 賜予

羊諸切 與余同 演女切 與与通

台（平）

音怡 自偁之詞 台小子 音胎 星名 三台 天台 台甫

延知切 湯來切 天柱曰三台 上台司命 為太尉 中台司中 為司徒 下台司祿 為司空 三台亦偁三階

朕（上）

音眹 天子自偁 曰朕 朕躬

直稔切 朕我也 古者貴賤皆自偁朕 秦始皇始定為天子之偁 至今仍之 又兆也 事機之形而未見者曰朕兆

自（上）

音字 指己而言 曰自 自強 何自

疾二切 鼻也 象形 段借謂己為自 又事之所從曰自 言從己身而推之者也

爾（上）

音邇 對人而偁之之詞 爾等 又必然之詞 云爾

兒氏切 本訓為爾汝之爾 又語助辭 此也 是也 其用於上一字者 如爾時 爾許 是其用於下一字者 如不爾 乃爾 是其殿於末一字者 如焉爾 云爾 是 又卓爾 衎爾 有然字義 爾其 爾乃 為更端發語辭

你（上）

泥上聲 對人而偁之之詞 你我

乃里切 偁人之詞 曰爾 女 而若 乃 皆一聲之轉 爾又為尒 俗加人旁為你字

汝（上）

音如 對人而偁之之詞 爾汝 汝輩

忍與切 水名 出今河南河南府嵩縣伏牛山 至安徽潁州府南入淮 段借為爾汝之汝 古用女字

彼（上）

碑上聲 外之之詞 彼人 彼我

補委切 彼者 此之對也 俗語曰那箇 曰那樣 皆彼之確詁 如詩云 嘒彼小星 瞻彼淇澳 此彼字猶那箇也 如孟子 如彼其專也 如彼其久也 此彼字猶云那樣也

伊 平

音蛜伊者發聲之詞又彼也 伊川

幺夷切水名出今河南河南府盧氏縣熊耳山至偃師縣入洛殷相伊尹即以伊水為姓又為發語詞與繄通如詩伊可怪也伊誰云憎是又確有所指之詞即代名字也如詩所謂伊人是

佗 平 他

音拖泛指對己者之詞 他人 他處

湯河切與他它通他與彼略同惟彼者專指定而言之他則但用為對我之詞而不必實指其人其物也

誰 平

音垂不知其名而問之之詞 伊誰 誰家

是推切

某 上

謀上聲泛指人物之詞又諱人之名則曰某 某某 某姓

莫後切某古梅字說文酸果也从口含一會意今皆用梅字某叚為某人某事之某

此 上

音佌指定之詞又彼之對也 如此 此類

淺氏切止也引申為指定之詞如禮如此乎禮之急也是又為指物之詞如左莊二十二年傳此其衰乎是又作所字解如大學此以沒世不忘也是若大學有德此有人後漢黃瓊傳此為志士則作斯字乃字解

名 平

音詺所以標識者為名 姓名 名目

眉兵切名自命也从口从夕會意夕者冥也冥不相見故以口自名也凡人名地名書名之類皆是取其與他名相分別也引申為名譽聲名之名又凡定人物之名亦曰名

甫 上

音斧男子之美偁 台甫 甫定

斐古切古者男子二十冠而字之曰某甫故甫為男子之美偁冠畢始加以字故引申之謂始為甫與纔字同意

尊 平

音遵卑之對也以尊者之禮待人亦曰尊 尊卑 酒尊

租昆切尊酒器也即古罇字从酋廾以奉之周禮犧尊象尊著尊壺尊太尊山尊為六尊以待祭祀賓客尊為器之貴者故引申為尊卑之尊又申為尊敬之尊

仲 去

蟲去聲次于伯者曰仲 伯仲 仲氏

直衆切弟之偁也引申為仲春仲夏之仲

主 上

音麈客之對也 主持 賓主

腫庾切主者專正掌領之意如主人木主皆專正之意君主家主主帥皆專正掌領之意引申之凡以之為主亦曰主按說文主鐙中火主也今叚借行而本義廢矣西國政體分三項曰君主曰民主曰君民共主

客 入

坑入聲人非土著曰客 賓客 客店

乞格切寄也故凡寄居于外及外至者皆謂之客客小于賓古者諸公相為賓諸公之臣相為國客

輩 去

音背相比曰輩 一輩 前輩

邦妹切軍發車百兩為輩言其車相比而行也故引申之凡同類而相比者皆曰輩

且 上 平

音跙。事不求備曰且。且以。猶且。音疽。語之餘聲。狂且。只且。

七野切。古俎字。今段為苟且、姑且、聊且之且。又為未定之詞。如我且會且是。又為進步之詞。如況且、且也是。又為推原之詞。如尚且是。又為發語詞。如且夫是。又為段設詞。如論語且予、公羊傳且如是。子余切。

該 平

音垓。備也。又宜也。兼該。應該。

古哀切。軍中約也。該備之該本作晐。亦有以該為之。如穀梁傳此該之變而道之也是。今俗以為該當之該。謂事之應如此也。又為指事之詞。如官書中用該大臣、該部、該局。俗用該處是。

凡 平

音帆。統包一切曰凡。大凡。凡是。

符咸切。凡者括其大概之謂。如詩凡今之人。左傳序發凡以起例。皆是。又庸常之人曰凡民。亦舉天下人之大概言之也。

爰 平

音袁。於也。曰也。爰是。爰有。

于元切。爰為引起詞。如爰有爰及是也。爰為語助詞。如詩亦集爰止、書土爰稼穡是也。又以文書易其口詞謂之爰。故宅曰爰宅。田曰爰田。書曰爰書。要皆以文書所受之口詞為證也。

蓋 去

音丐。覆物曰蓋。所以覆物者即曰蓋。雨蓋。蓋聞。

居太切。苫也。苫所以覆物者。引申之掩前人之愆亦謂之蓋。若論語蓋闕如也之蓋。疑詞也。蓋均無貧之蓋。緩詞也。均係段借。

聿 入

音遹。所以書之器也。又發語詞。聿懷。聿來。

以律切。楚人謂筆為聿。筆所以代言者也。故聿亦通曰。如漢書引詩作聿為改歲是。又語助詞。如詩歲聿云莫是。又訓為自。如聿來胥宇是。至聿修厥德之聿。述也。謂述祖德而筆之于書也。

於 平

音迂。語詞也。於是。於此。音烏。於戲。歎美詞。

雲俱切。古烏字。經傳與于字通用。作發聲。如春秋於越是。用作語助。如常語至於是。用作承上。如左傳於是陳亂是。用作介字。如論語吾之於人也是。總之語詞也。雲都切。

豈 上

音豈。反說以見意曰豈。豈非。

去幾切。豈義與非同而詞稍曲。如詩豈不爾思、豈伊異人是。又為未定之詞。如論語豈其然乎是。又作怎字解。如豈敢是。作何字解。如豈若是。作焉字解。如豈能是。然均非豈之本義。其本義即奏凱之凱。豈弟之豈。亦段借。

儻 上 倘

湯上聲。不敢必曰儻。儻然。

他曩切。儻者倜儻不羈之謂。引申為未定之詞。如史記儻所謂天道是也。又為形況字。如莊子儻然、儻乎是。俗作倘。

詎 上

音巨。反說之婉者也。詎知。詎能。

臼許切。詎猶豈也。但詎較豈語氣略婉。如莊子庸詎知所謂天之非人乎是。又作苟字解。如國語詎非聖人是。又作那字解。如世說注詎是所長是。

亦 入

音睪。牽連而及之詞。可代俗說也字。亦然。亦可。

夷益切。亦者人之臂亦也。今臂亦之亦別作腋。而以亦為旁及之詞。如詩亦有和羹是。又為承上之詞。如書亦不在小是。又為不必之詞。如易亦未繘井是。又為助語之詞。如常用不亦、盍亦是。

惟 平

音維。心無旁及曰惟。惟是。惟有。

夷佳切。思也。今以从系之維為思維。而以惟為專注之詞。如書惟王不邇聲色是。又為發語。如惟元祀是。又為助語。如濟河惟兗州是。至視遠惟明、詩載謀載惟。則仍用惟之本義也。

獨 入

音攩不羣曰獨 獨立 獨此

杜谷切獨者犬在羊羣也引申為單隻之詞故無子曰獨無夫曰獨偏刖曰獨不與民同欲曰獨夫不與衆為徒曰獨行又以獨為將如孟子獨如宋王何是以獨為豈如左傳夫獨無族姻乎是

抑 入

音億不揚曰抑 抑亦 抑且

乙力切抑者以手下按之謂引申之凡不揚者皆謂之抑故搔曰抑搔鬱曰抑鬱又為轉語詞如論語抑末也是為反語詞如抑亦先覺者是為發語詞如孟子抑王興甲兵是為亦然之詞如抑抑為采色是

但 上

音誕僅詞也又轉捩之詞 不但 但是

徒亶切但古袒字脫衣見體也引申為空如漢書但賒之是又僅也如非但廷尉問邪是又作唯字解如但聞悲風是又轉語詞如魏志注但失愛于叔父是

徒 平

音塗但詞也 徒然 徒有

同都切步行也易舍車而徒即其本義步行人衆故人衆亦曰徒如司徒公徒吾徒門徒是反之為空如論語而豈徒哉是又為但如孟子徒善徒法是

特 入

音犆物無耦曰特 特等 非特

敵得切特一牛也引申之凡一而不兩者皆曰特如特豚特豕特舟特立特揖等皆是又申為獨如史記吾特其以雍齒故是今常用特是字猶獨是也又事在常例之外者謂之特例今考試有特科特班等名

僅 去

音覲纔能曰僅 僅有 僅僅

具吝切僅者已有而未足之詞如公羊傳僅逮是月也國語余一人僅亦守府皆是

故 去

音顧有因而至曰故又舊也 世故 故事

古暮切使為之也引申為事故之故如易又明于憂患與故是段借為古古者舊也國曰故國人曰故人國變曰大故人死曰物故皆據今對古言之也又用為承上起下之詞如是故故曰皆是

有 上

音友事物之已著已得者曰有 未有 有無

云九切有者無之對說文就日月之食言之故云不宜有此猶可之訓為不可敢之訓為不敢也段借為或字義如易有隕自天是或即域字故詩九有作九域解又通作又如詩不日有曀是又狀物詞如詩有蕡其實是

所 上

數上聲確指其處曰所 公所 所以

爽阻切伐木聲也段借為處所之所如論語居其所是又引申為代名字如孟子夫徐行者豈人所不能哉所不為也是又為助字如漢書去里所復還里所猶里許是又誓詞也如論語予所否者是

無 平 无

音巫有之反也 有無 無乃

武夫切亡也引申為不也如書無偏無黨是又未也如荀子無之有也是又非也如禮苟無忠信之人是又作轉語詞如孟子無以無已是又作抑詞如漢書甯爵無刁是

以 上

怡上聲有所依據之詞又能左右之東西之亦曰以 所以 可以

養里切本作㠯用也如論語怨乎不以是又為也如論語視其所以是又由也如大戴禮距諫者慮之所以塞也是又與也如詩式穀以汝是又語助詞如書以親九族是

毋 平

音無禁止之詞 毋是 得毋

微夫切止之也如論語毋友不如己者是又與無通為疑而未決之詞如晉書將毋同是詩毋念爾祖毋即無亦之意急言之也

莫（去 入）暮

音慕。日將落曰暮。薄暮。音寞。無也。亦禁止詞。莫不。

莫莫故切。日在艸中曰莫。今承用作暮。暮則日冥。冥則不可見。故引申為無。而音亦轉入末各切。如詩莫敢或遑是。又申為定。如民之莫矣是。又為禁止之詞。如莫學莫作等語是。

暨（去）

音既。遮及曰暨。暨乎。暨暨。

居氣切。日頗見也。頗見者有不全見之意。故引申為不及。反之即為及。亦猶不宜有之為有也。故暨又與逮及同訓為與。如書汝義暨和。即與也。吳志暨臻末年。即及也。今通用暨。夫字亦及字義。

蔑（入）

音篾。昏不見物曰蔑。蔑有。蔑然。

彌列切。勞目無精也。無精則無可見。故蔑亦訓為無。如左傳蔑不濟矣是。又削也。如易蔑貞凶是。又小也。如書文王蔑德是。又輕也。如詩國步蔑資是。

逮（去）

音代。遮下之詞。不逮。逮夫。音第。安和貌。逮逮。

度耐切。及也。如易水火相逮是其本義。引申為追也。如漢書逮繫長安是。又為僅足之詞。如漢書羅食逮給是。大計切。威儀逮逮。注。安和之貌。

及（入）

琴入聲。已至其地曰及。及時。不及。

忌立切。引也。亦訓至。詩燕及皇天。謂德至于天也。其蔚及者。如覃及鬼方是。其連及者。如史記及岱宗是。其兼及者。如左傳凡師出與謀曰及是。其遞及者。如公羊傳注兄死弟繼曰及是。又為推逮詞。如常用及夫及其是。

綦（平）

音其。至極曰綦。綦巾。綦盡。

渠之切。綦本蒼艾色。申為繫于踵者之名。踵。人體之極下處也。故綦又訓為極。如荀子綦大綦小。綦色綦聲皆是。

將（去 平）

音醬。帥師曰將。將軍。音漿。可立而待也。將來。音鏘。請也。

子諒切。本將帥字。今讀資良切。為且然而未必之詞。如易是以君子將有為也是。又作幾及之詞。如孟子將五十里是。又作抑詞。如詩將子就之是。又作語助詞。如管子其將誰也是。七羊切。將伯將子。皆請句之義。

漸（上 平）

磛上聲。進退循序曰漸。漸漸。漸次。音纔。與巉通。高也。

秦冉切。漸本水名。今借作物有變移。徐而不速之詞。如易漸☴☶卦是。又次也。如漢書以漸禁之是。又重言之曰漸漸。如魏志而其德漸漸小減是。至詩漸漸之石。係巉之通段。讀鋤銜切。

頗（上 平）

音陂。不平也。偏頗。音叵。少也。頗好。頗適。

普禾切。頭偏也。今讀普火切。略也。如史記臣頗采古禮是。又常語以差多為頗多。嫌詞也。以良久為頗久。歉詞也。以多有為頗有。謙詞也。但頗有二字。如指人而言。又為輕之之詞。

并（去 平）併

餅平聲。合一為并。兼并。并吞。餅去聲。與併通。

補明切。并與兼同義。如史記余并論次擇其言尤雅者是。俗用并且。即兼且也。然有進一層意思。又皆也。如書朕卜并吉是。讀陂病切。與併通。

稍（去）

音哨。不多之謂。稍有。稍可。

所教切。出物有漸曰稍。如史記稍稍增輯至五百餘事。稍稍即漸漸也。至漢書吏稍侵辱之之稍。則為略字義。又小也。如周禮稍食稍事稍禮皆是。

纔（平）

音裁。時過不一瞬謂之纔。纔能。方纔。

牆來切。淺色曰纔。引申為淺之通。俌又與才通。方才之纔也。亦淺之引申義。

屢 去

音慮 事不一次曰屢 屢次 屢屢

龍遇切。屢本作婁。訓空也。為論語屢空字。承用作屢。義訓為數。如屢憎于人。億則屢中。書屢省乃成。詩屢豐年。皆是。

頻 平

音顰。至再至三曰頻 頻仍 頻頻

毗賓切。頻本水厓。詩不云自頻。是其本義。段借為頻蹙之頻。如易頻復。頻巽。是。又屢也。頻聞謂屢聞。不一聞也。頻至謂屢至。不一至也。

悉 入

音膝。無餘曰悉 悉如。悉數。

息七切。悉者詳而且盡之謂。有單作盡字解者。如史記悉舉賁戚。及疏遠隱匿者。是。今俗用不悉字。則本詳義。謂不詳審也。又用悉如字。猶云皆如也。又用已悉字。猶云已知也。皆引申義。

皆 平

音街。無分彼此之詞 皆興。皆說。

居諧切。俱詞也。

概 去

音溉。持平曰概 一概。概見。

居代切。概所以平量者。禮正權概。是其本義。若異量即謂之異概。概以麤略之木為之。故謂麤略則曰梗概。又以其平而無偏。故在人曰節概。氣概。自平等言之。則曰一概。大概。

每 上

音浼。不一之偁。每事。每每

莫痡切。屮盛上出也。引申為各。故有人人之義。如孟子每人而悅之。是。又訓為雖。如詩每有良朋。是。又訓為常。如吳志抗每不許。是。又括大凡之事曰每。如論語每事問。是。

各 入

音閣。歷歷可數曰各 各處。各各。

葛鶴切。異詞也。引申為各人之各。如論語盍各言爾志。是。

愈 上

音庾。較勝曰愈。疾痊亦曰愈。病愈。

勇主切。勝也。如論語女與回也孰愈。是。又差也。如孟子今日愈。是。又過也。如丹之治水也愈于禹。是。又重言之以見益甚之意。如詩憂心愈愈。是。

尤 平

音郵。加甚曰尤 尤妙 怨尤。

于求切。異也。俗偁尤佳尤勝。謂其異于常也。異常則過。故人有過即謂之尤。如論語言寡尤之尤。是。有過而為人所責亦謂之尤。如詩許人尤之之尤。是。

更 去 平

音庚。變易曰更。更鼓。紛更。

音亙。進一解曰更 更有。更。

居行切。本義為更變更改之更。引申為更鼓更漏之更。亦謂其隨時而改也。又訓為再。讀古孟切。如左傳晉不更舉矣。即謂其不再舉也。俗語如更有更好之更。亦均作再解。

彌 平

音迷。一望無竟曰彌。彌彰。彌補

民卑切。彌之本義。弓弛也。亦訓為終。如詩誕彌厥月。是。又益也。如論語彌高彌堅。是。又徧也。如易后以彌綸天地之道。是。又補合也。如左傳敢拜吾子之彌縫敝邑。是。

最 去

音醉。殊絕曰最。報最。最好。

祖外切。犯而取也。字从冃。冃者小兒頭衣。在全體為最上。故最亦訓為第一。如後漢書常為邊最。及史記周勃攻槐里好畤最。皆謂第一也。至史記最從高帝之最。則為都凡之詞。

尚 去

音上。冀詞也。又猶也。尚有。尚在。

時樣切。曾也。庶幾也。如書尚亦有利哉。即庶幾之義。詩不尚息焉。即曾義。又猶也。如尚有典型是。又貴也。如孟子尚志是。又與上通。如尚論古人之尚是。俗用尚然尚且等字。亦猶也。

諒 去

良去聲。原情揣意之詞。諒不。鑑諒。

力仗切。衆信曰諒。如禮請肆簡諒是。詩諒不我知。亦信也。俗于尺牘中用諒能諒必則若信若疑之詞。又與亮通。亮有明義。故又有鑒諒原諒等字。

況 去

音貺。以彼形此曰況。又進一解之詞。比況。況且。

許放切。況之本義。寒水也。今通用者與矧義略同。如孟子況于為之強戰是。又譬也。如莊子每下愈況是。又為滋益之詞。如詩亂況斯削是。俗作况。

猶 平

音由。比況之詞。又了不異人也。猶人。猶可。

夷周切。猶本玃屬。性善疑。故偁猶豫。引申為可止而不止之詞。如左傳猶三望是。又訓為若。如孟子猶緣木而求魚也是。又訓為同。如論語吾猶人也。猶之與人也是。

又 去

音宥。重之為又。又有。不又。

爰救切。凡言又者。必有上下文。故穀梁傳曰。又。有繼之詞也。詩疏云。又者。繫前之詞。又作更端語。如書又東至于菏之類是也。本義為手。象三指之形。

甚 去

音任。太過曰甚。甚哉。太甚。

時鴆切。本義尤安樂也。引申為勝。如論語甚于水火是。又大也。如孟子王之好樂甚是。又歎詞。如論語甚矣吾衰也是。又極也。如唯何甚是。常用甚至已甚等字。即極義。

庶 去

音恕。森然齊列曰庶。蕃庶。庶類。

商豫切。庶者屋下之衆。引申為凡衆之稱。故衆人曰庶人。衆物曰庶物。諸母曰庶母。諸子曰庶子。皆謂其同于衆也。衆必相近。近則有冀幸之心。如論語回也其庶乎。庶有近義。詩庶幾夙夜。庶幾為冀幸之詞。

幾 平 上

音機。吉凶之先見曰幾。幾希。機上聲。幾何。

居希切。幾者動之微也。又訓為殆。如詩維其幾矣是。又訓為近。如易月幾望是。又冀也。如孟子王庶幾改之是。又舉豈切。為數問多少之詞。如幾多幾何無幾未幾皆是。

遂 去

音穟。相因而至曰遂。遂事。不遂。

徐醉切。遂者亡也。亡必于郊。故引申為郊遂之遂。又事成曰遂。如禮百事乃遂是。事未成而勢不容已亦曰遂。如論語遂事不說是。又為繼事之詞。如左傳遂伐楚是。

即 入

音稷。時不一瞬曰即。當即。即刻。

節力切。即食也。即食猶就食。故即有就義。春秋書即位。猶今鳴贊言就位也。就則近。故即又訓為近。公羊傳不即人心。猶俗語不近人情也。史記之即日。則謂今日。即訓為今。見爾雅注。

聊 平

音膫。便詞也。又賴也。聊且。聊可。

連條切。耳鳴也。楚辭耳聊啾而戃慌。是其本義。段為姑且之詞。如詩聊與之謀是。又為語助。如詩椒聊之實是。又常語以無興會為無聊。

輒 入

音輙。專擅曰輒。動輒。

陟涉切。輒者車兩旁可倚之處。因謂有倚恃而安作曰專輒。專輒是欲為即為之也。故輒又訓為即。如漢書盜賊不輒伏辜是。至常用輒左輒阻之輒。訓與即同。

即

庶

輒

猶

又

甚

尚

況

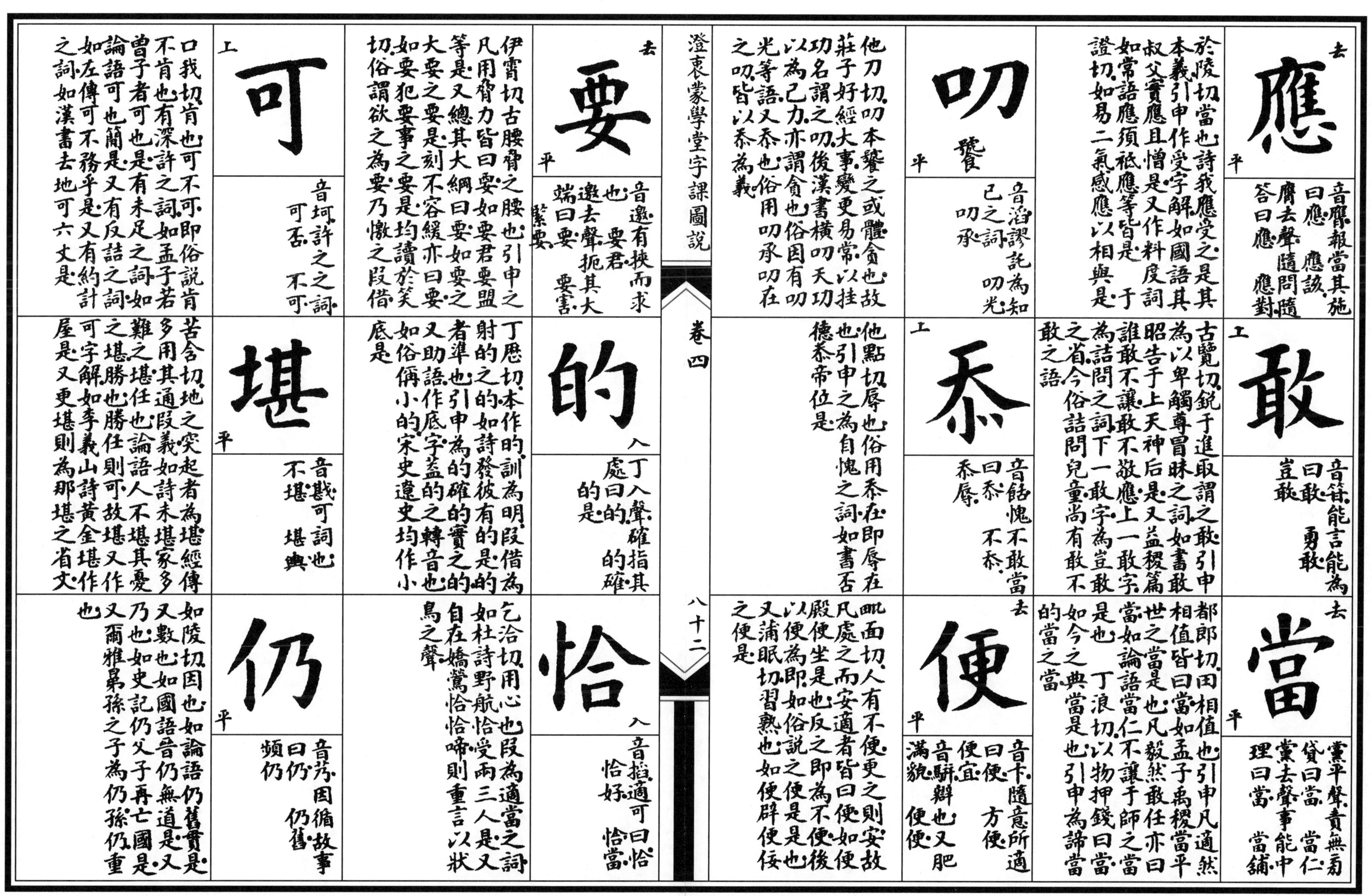

應

去　平

音膺報當其施曰應　應該　膺去聲隨問隨荅曰應　應對

於陵切當也詩我應受之是其本義引申作受字解如國語其叔父實應且憎是又作料度詞如常語應須祗應等皆是于證切如易二氣感應以相與是

敢

上

音笴能言能為曰敢　勇敢　豈敢

古覽切銳于進取謂之敢引申為以卑觸尊冒昧之詞如書敢昭告于上天神后是又益稷篇誰敢不讓敢不敬應上一敢字為詰問之詞下一敢字為豈敢之省今俗詰問兒童尚有敢不敢之語

當

去　平

黨平聲責無旁貸曰當　當仁　黨去聲事能中理曰當　當舖

都郎切田相值也引申凡適然相值皆曰當如孟子禹稷當平世之當是也凡毅然敢任亦曰當如論語當仁不讓于師之當是也　丁浪切以物押錢曰當如今之典當是也引申為諦當的當之當

叨

平　饕

音滔謬託為知己之詞　叨光　叨承

他刀切叨本饕之或體貪也故莊子好經大事變更易常以挂功名謂之叨後漢書橫叨天功以為己力亦謂貪也俗因有叨光等語又忝也俗用叨承叨在之叨皆以忝為義

忝

上

音餂愧不敢當曰忝　不忝　忝辱

他點切辱也俗用忝在即辱在也引申之為自愧之詞如書否德忝帝位是

便

去　平

音卞隨意所適曰便　方便　便宜　音駢辯也又肥滿貌　便便

毗面切人有不便更之則安故凡處之而安適者皆曰便如便殿便坐是也反之即為不便後以便為即如俗說之便是也又蒲眠切習熟也如便辟便佞之便是

要

去　平

音邀有挾而求也　要君　邀去聲扼其大端曰要　要害　緊要

伊霄切古腰膂之腰也引申之凡用膂力皆曰要如要君要盟等是又總其大綱曰要如要之大要之要是刻不容緩亦曰要如要犯要事之要是均讀於笑切俗謂欲之為要乃徼之段借

的

入

丁入聲確指其處曰的　的確　的是

丁歷切本作旳訓為明段借為射的之的如詩發彼有的是的者準也引申為的確的實之的又助語作底字蓋的之轉音也如俗倆小的宋史遼史均作小底是

恰

入

音掐適可曰恰　恰好　恰當

乞洽切用心也段為適當之詞如杜詩野航恰受兩三人是又自在嬌鶯恰恰啼則重言以狀鳥之聲

可

上

音坷許之之詞　可否　不可

口我切肯也可不可即俗說肯不肯也有深許之詞如孟子若曾子者可也是有未足之詞如論語可也簡是又有反詰之詞如左傳可不務乎是又有約計之詞如漢書去地可六丈是

堪

平

音戡可詞也　不堪　堪輿

苦含切地之突起者為堪經傳多用其通段義如詩未堪家多難之堪任也論語人不堪其憂之堪勝也勝任則可故堪又作可字解如李義山詩黃金堪作屋是又更堪則為那堪之省文

仍

平

音艿因循故事曰仍　仍舊　頻仍

如陵切因也如論語仍舊貫是又數也如國語晉仍無道是又乃也如史記仍父子再亡國是又爾雅晜孫之子為仍孫仍重也

因 平

音姻。緣之在前者曰因。因緣。因此。

伊真切。本義為就。引申為依。如論語因不失其親是。又作襲字解。如殷因于夏禮是。又作託字解。如孟子時子因陳子是。至常用因由字。謂事之原始也。因而因此字。則承上起下之詞也。

竟 去

音敬。極盡曰竟。究竟。竟有。

居慶切。樂曲盡為竟。故竟有終義。如史記又不肯竟學及歲竟是。至俗用畢竟之竟。略具轉詞。與史記索兒竟無聲之竟相類。有初不料其如此而竟如此之意。

然 平

音⿱艹然。答問之是者曰然。自然。不然。

如延切。燒也。如孟子若火之始然是。段為應詞。如荀子然否史記然諾是。又為包舉後文之詞。如孟子無若宋人然是。其坐實上文轉出下文者。如然而是。其坐實上文緊接下文者。如然則是。

而 平

音兒。小轉之詞。既而。而且。

如支切。頰毛也。如周禮作其鱗之而是。段為承上起下之詞。如論語本立而道生是。為絕句。如已而已而是。為轉語。如而謀動干戈于邦內是。為設詞。如孟子而主癰疽與寺人瘠環是。又汝也。如禮抑而强與是。

則 入

音側。立法為則。效法亦為則。科則。則可。

即德切。古从鼎作𠟭。鼎者法物。故凡有常法者皆謂之則。而法其可法者亦謂之則。段為助語。如詩匪雞則鳴是。為盡詞。如大戴禮鷹則為鳩是。為承上起下之詞。如論語則以學文是。

乃 上

柰上聲。轉詞之緩者。若乃。乃有。

囊亥切。乃者曳詞。用作緩詞。如周禮會乃致事是。用作急詞。如大戴禮乃瓜是。用作助語。如禮夫曰乃是。用作轉語。如書乃不可不殺是。作繼事之詞。如乃命羲和是。作別異之詞。如詩乃見狂且是。

設 入

扇入聲。或然之想也。陳設。設或。

式列切。設即施設之設。如設官設局是也。若無所據而憑空擬之者。則為段設。設使之設。

如 平

音鴽。想像之詞。不如。如此。

人余切。女子从父。隨夫曰如。引申為似。如論語申申如也是。又為及。如弗如也是。又往也。如左傳御以如皋是。又柰也。如如丈夫何是。又作設詞。如論語如用之是。又語已詞。如易突如其來如是。

殆 上

駘上聲。舉其大概之詞。危殆。

蕩亥切。危也。如書亦曰殆哉是。通借為怠。如論語思而不學則殆是。又似也。如孟子殆于不可是。又僅也。如漢書此殆空言是。又語助詞。如史記殆非人也是。

似 上

音巳。酷肖曰似。似乎。不似。

詳里切。本義為象。如論語屏氣似不息者是。又作疑詞。如世說似未肯劣是。

殊 平

音殳。絶異曰殊。殊有。殊非。

尚朱切。本義為誅。誅非常刑也。故殊亦訓異。如易天下同歸而殊塗是。又申為決絕之詞。如漢書殊無梟俗語殊不可解是。又語詞。如詩殊異乎公路是。

啻 去

音翄。僅詞也。

施智切。啻與但義同。如書不啻如自其口出。不啻猶言不但也。字亦作翄。如孟子奚翄食重是。

若

入

音弱。段設之詞。如若。若能。

日灼切。擇菜也。段借為順字義。如詩天子是若是。為如字義。如孟子指不若人是。又為確指之詞。如以若所為是。又為未定之詞。如儀禮若干純是。常用若干兩字即本此。

雖

平

音綏。轉詞之待商榷者。雖有。雖然。

宣佳切。雖本蟲名。似蜥蜴而大。承用作語助詞。如雖有善者。雖有周親是。進一層意思。如雖曰未學。雖曰不要君。是退一層意思。又作發聲之詞。如禮雖請退可也是。

苟

上

音垢。艸率曰苟。苟完。苟有。

古厚切。苟本艸名。段借為苟且之苟。如論語苟合矣是。又誠也。如苟志于仁矣是。又若也。如禮苟無其位是。又為未定之詞。如孟子苟得其養是。

或

入

音惑。不定其人其事之詞。或者。設或。

獲北切。或即邦域之域。訓為有。詩無不爾或承。或之言有也。又通作惑。如孟子無或乎王之不知也是。引申為代名詞。如論語或問。或曰是。又為豫設之詞。如如或知爾是。

靡

上 平

音骳。不能振作曰靡。靡不。萎靡。音糜。分散也。靡爛。

母彼切。披靡也。披靡為無力之狀。故引申為無。如詩靡日不思是也。無而飾以為有。亦謂之靡。如好衣曰靡。麗美色曰靡曼是。又讀忙皮切。靡費之靡也。

不

上 平 入

補入聲。否之之詞。不必。豈不。音缶。與否同。否平聲問詞。

逋沒切。本義鳥飛翔而不下也。引申之義與弗略同。如常語不可不然是。又作反語。如書我生不有命在天。詩其麗不億是。又作疑詞。如左傳不尚取之是。又與可否之否通。讀俯九切。今韻書又收入尤韻。作問詞。

勿

入

音物。禁止詞。勿怕。勿許。

文拂切。州里所建旗。所以趣民者。引申為禁止之詞。如論語非禮勿視。勿施於人皆是。勿與弗異。弗者不之深。勿者禁之使不為也。唯論語雖欲勿用之勿。與弗略同。

罔

上

音網。無也。罔有。靡罔。

文紡切。罔本网之或體字。从亡。故訓為無。如書罔水行舟是。又罔違道以干百姓。乃係禁止之詞。亦無之引申也。至論語學而不思則罔之罔。係妄之段借。不可罔也之罔。係誣罔義。

必

入

音畢。毅然決然之詞。必定。必是。

壁吉切。

厥

入

音蕨。與其字同用。厥陰。厥惟。

居月切。發石也。義與掘同。引申為病厥之厥。如素問厥論篇寒厥熱厥。俗有痰厥等皆是。段借為指事之詞。如詩貽厥孫謀是。又為發聲。如厥初生民是。又為助語。如史記序厥有國語是。

是

上

音似。反非為是。是非。如是。

上紙切。直也。直則是。故為是非之是。其冠于句首者。如論語是聞也。非達也。是然此是字。仍兼虛字語氣。又為指事之詞。如是以。是故。如是之類是。

斯

平

音私。此也。如斯。斯來。

相支切。析也。詩斧以斯之是也。又訓為此。如論語斯焉取斯是。段為語助詞。如詩有兔斯首是。又語已詞。如禮二爵而言言斯是。又訓為則。如論語立之斯立是。又訓為乃。如斯出矣是。

其

去　平

音碁。指名代詞也。其然。音姬。助詞。何其。音寄。彼其。

渠宜切。其本箕之籀文。其豈音近。故叚為豈。如論語不其然乎是。又指事詞。如易其旨遠是。又語助。如詩誰其尸之是。又發聲。如國語其叔父實應且憎是。又讀居之切。如詩夜如何其是。又居吏切。如彼其之子是。均語助。

既

去

音曁。事過曰既。既極。亦既。

居氣切。小食也。叚借為少住之義。如論語既而曰是。又為已義。如書九族既睦是。又為盡義。如春秋日有食之既是。又為語助詞。如詩既伯既禱是。

屆

去

音戒。已至其時其地曰屆。屆時。弗屆。

居隘切。行不便曰屆。謂其遠之極而不易至也。詩致天之屆。即用極義。書無遠弗屆。即用至義。今俗用屆期屆時等字。亦謂至也。

由

平　繇

音猷。事之原也。因由。由來。

于求切。與繇通。從也。如論語小大由之之由。即訓為從。其虛用者。若何由。即何從也。又于也。如書別求聞由古哲先王是。又與猶通。如孟子王由足用為善是。又轉訓為爰。如孟子由是則生而有所不用也是。

盍

入

音合。何不也。盍各。盍亦。

胡閤切。盍象覆蓋形。引申盇為合。易朋盍簪之盍。即合也。又何也。如管子盍不出從乎是。又何不二字急言之亦為盍。如論語盍徹乎是。又疑詞。如史記盍往歸焉是。

曷

入

音褐。反詰之詞。曷敢。曷弗。

何葛切。何也。如易曷之用是。又作豈字解。如詩曷不肅雝是。至曷云能穀則莫我敢曷兩曷字。係遏之叚借。

何

上　平

賀上聲。擔于肩曰何。負何。賀平聲。詰問詞也。誰何。

下可切。儋也。經傳多叚為誰孰之詞。讀寒歌切。如論語非諸侯而何是。又作焉字解。如左傳爾何知是。又詰難詞。如論語何哉是。又設問詞。如公羊傳元年者何是。

柰

去　奈

音嫊。無可如何之詞。柰何。無柰。

尼帶切。果名。叚借為柰何之柰。柰何即那字長言之也。如書曷其柰何弗敬是。又有但用柰字者。如淮南子無可柰也是。俗作奈。

奚

平

音兮。何也。奚自。奚童。

徒雞切。大腹也。叚借為何字解。如論語子奚不為政是。又用作絕句。如莊子汝以妄聽之奚是。孟子奚而不知。猶云何為而不知。但省文耳。至奚奴之奚。又娭之叚借。

孰

入

音淑。詰問代詞。疇孰。孰如。

神六切。食飪也。即熟字。叚借作誰字解。如論語孰不可忍也是。又作何字解。如公羊傳孰為來哉是。

攸

平

音油。安行得所曰攸。攸行。攸敘。

夷周切。本義為行水。如孟子攸然而逝是也。攸然則得所。故攸亦訓所。如攸往攸宜皆是。詩為韓姞相攸。亦謂女之得所歸也。

常

平

音裳。平素曰常。常談。常事。

辰羊切。常本下帬。叚為度數之名。如丈六尺為常是也。常非朝夕所可成。因申之為常久。平常素常。而俗以尋常為容易之詞。且以常作動字用。如常見常聞常有等皆是。

只

上

入

音紙。所餘不多曰只。只有。只想。入音質。俗音也。義同。

掌氏切。語已詞也。如詩母也天只。是其用于句中者。如樂只君子。是又有作耳字用者。如左傳諸侯歸晉之德只。是俗以事物之祇有此數者為只。兼讀之日切。

之

平

音枝。代名詞。又往也。去之。何之。

真而切。出也。引申為往。如論語之一邦。是又作所字解。如末之難矣。是又作的字解。如禮大學之道。是又語助詞。如詩葛之覃兮。是又有所指之詞。如禮博學之。是浙江亦偁之江。謂其江三折如之字形也。

乎

平

音湖。疑詞也。又詠歎之詞。者乎。信乎。

洪孤切。語之餘也。經傳用為疑詞。如詩胡為乎。是為語已詞。如公羊傳桑栗云乎。是為詰問詞。如論語女得人焉耳乎。是為詠歎詞。如必也正名乎。是為狀事詞。如易確乎。是又代于字用。如禮所求乎臣是。

者

上

音赭。語已詞。又有所指之詞。又為起下之詞。老者。也者。

止野切。別事詞也。經傳用為指名代字。如者也者矣者焉者耳等皆是。又為起下詞。如易神也者之類是。又語已詞。如今官書所用須至申者須至移者皆是。

也

上

音野。詞之決也。可也。非也。

以者切。詞之終也。用以結上文者。如論語亦可宗也是。又為起下文者。如赤之適齊也是。又為語助而用在句中者。如其為人也孝弟是。為語助而用于偁謂者。如柴也愚是。

耶

平

夜平聲。詰問詞之婉者。是耶。非耶。

于遮切。即邪正之邪字。用作語末疑詞。亦有詠歎意。如易乾坤其易之門邪是。又代兮字用。如國策松邪柏邪是。又代也字用。如莊子乃齊戒以言之邪是。

諸

平

渚平聲。統括之謂。又語助詞。諸事。諸凡。

專於切。辯也。引申為包舉之詞。如諸侯諸君諸大夫諸子等皆是。又語已詞。如詩日居月諸是。又語之餘聲。如論語其諸異乎是。

兮

平

音奚。歌之餘聲。楚兮。倜兮。

弦雞切。語所稽也。字通作猗。如書斷斷猗。禮作兮是。其用于句中者。如楚辭吉日兮辰良是。用于句末者。如詩終不可諠兮是。

矣

上

音矣。決已然之詞。可矣。者矣。

養里切。語已詞也。如論語吾必謂之學矣是。又為僅可詞。如忠矣是。又為起下詞。如甚矣吾衰也是。又為頓挫之詞。如詩展矣君子是。

已

上

音以。事畢曰已。無已。已往。

養里切。本作㠯。與以同。承用作止也。如論語已而已而是。又太也。如孟子是皆已甚是。又既也。如今乘輿已駕矣是。又發端歎詞。如書已予惟小子是。又語終詞。如論語可謂好學也已是。

焉

平

音蔫。語末平下之詞。焉爾。者焉。音嫣。何也。焉往。焉知。

尤虔切。焉本鳥名。黃色。出于江淮。承作虛字用。用以殿句。如易故偁龍焉是。為語助。如詩終焉允臧是。為狀事詞。如惄焉如擣是。至論語焉用佞之焉讀因肩切。訓為何。

哉

平

音栽。然腳字。語氣大于乎而不如乎字之婉。異哉。

將來切。語詞。用于句中者。如論語大哉問。詩陳錫哉周是。用于句末者。如書欽哉。論語鄙哉鄙哉是。又與才通。始也。如書哉生魄之哉是。

圖書在版編目（CIP）數據

澄衷蒙學堂字課圖說：精講複刻版 / (清) 劉樹屏編撰；(清) 吳子城繪；余世存，胡赳赳主編. — 杭州：浙江人民出版社，2020.1（2024.4重印）

ISBN 978-7-213-09458-3

Ⅰ. ①澄… Ⅱ. ①劉… ②吳… ③余… ④胡… Ⅲ. ①漢字 - 字典 - 中國 - 清代 Ⅳ. ①H163

中國版本圖書館CIP數據核字（2019）第193424號

澄衷蒙學堂字課圖說：

精講複刻版

(清) 劉樹屏 編撰　(清) 吳子城 繪　余世存 胡赳赳 主編

出版發行：浙江人民出版社（杭州市體育場路347號　郵編 310006）

市場部電話：（0571）85061682　85176516

策劃編輯：胡俊生　魏　力

特約策劃：知　所

責任編輯：潘海林

責任校對：楊　帆

責任印務：幸天驕

書籍設計：張志奇工作室

電腦製版：後聲HOPESOUND pankouyugu@163.com – 陳占林　藺旭紅

印　　刷：天津市豪邁印務有限公司

開　　本：889毫米×1194毫米　1/16　　印　　張：113.5

字　　數：600千字　　插　　頁：18

版　　次：2020年1月第1版　　印　　次：2024年4月第2次印刷

書　　號：ISBN 978-7-213-09458-3

定　　價：1280.00元